# ANJOS E DEMÔNIOS

# ANJOS E DEMÔNIOS

A surpreendente realidade de um mundo invisível

# BENNY HINN

**Editora Vida**
Rua Conde de Sarzedas, 246 Liberdade
CEP 01512-070 São Paulo, SP
Tel.: 0 xx 11 2618 7000
atendimento@editoravida.com.br
www.editoravida.com.br

©2011, Benny Hinn
Originalmente publicado nos EUA com o título *Angels and Demons: The Amazing Reality of an Unseen World*
Copyright da edição brasileira ©2013, Editora Vida
Edição publicada com permissão de Life Bridge Books, (P. O. Box 49428, Charlotte, NC 28277).

∎

*Todos os direitos desta tradução em língua portuguesa reservados por Editora Vida.*

PROIBIDA A REPRODUÇÃO POR QUAISQUER MEIOS, SALVO EM BREVES CITAÇÕES, COM INDICAÇÃO DA FONTE.

∎

Scripture quotations taken from *Bíblia Sagrada, Nova Versão Internacional, NVI* ®
Copyright © 1993, 2000 by International Bible Society ®.
Used by permission IBS-STL U.S.
All rights reserved worldwide.
Edição publicada por Editora Vida, salvo indicação em contrário.

Editor responsável: Marcelo Smargiasse
Editor-assistente: Gisele Romão da Cruz
Tradução: Lena Aranha
Revisão de tradução: Josemar de Souza Pinto
Revisão de provas: Sônia Freire Lula Almeida
Diagramação: Karine P. dos Santos
Capa: Arte Vida

Todas as citações bíblicas e de terceiros foram adaptadas segundo o Acordo Ortográfico da Língua Portuguesa, assinado em 1990, em vigor desde janeiro de 2009.

1. edição: jul. 2013
1ª reimp.: set. 2013
2ª reimp.: mar. 2014
3ª reimp.: set. 2021
4ª reimp.: maio 2022

**Dados Internacionais de Catalogação na Publicação (CIP)**
**(Câmara Brasileira do Livro, SP, Brasil)**

Hinn, Benny
  Anjos e demônios: a surpreendente realidade de um mundo invisível / Benny Hinn; [tradução Lena Aranha]. — São Paulo: Editora Vida, 2013.

  Título original: *Angels and Demons: The Amazing Reality of an Unseen World*
  ISBN 978-85-383-0281-0
  e-ISBN: 978-65-5584-025-4

  1. Anjos  2. Bem e mal  3. Bíblia - Estudo e ensino  4. Combate espiritual  5. Demonologia  6. Evangelização  7. Vida espiritual — Cristianismo I. Título.

13-06036                                                                          CDD- 248.4

**Índices para catálogo sistemático:**

1. Batalha espiritual: Vida cristã: Cristianismo  248.4

# SUMÁRIO

Introdução     7

**Parte I: Anjos**     9

  1  Os surpreendentes seres angelicais de Deus     10
  2  O serafim com seis asas     22
  3  O querubim com quatro rostos     25
  4  Os seres viventes     31
  5  Os arcanjos da autoridade     37
  6  Os anjos "comuns"     52
  7  O maravilhoso trabalho dos anjos     63

**Parte II: Demônios**     97

  8  Face a face com os demônios     98
  9  Os gigantes na terra     117
 10  Cuidado com o grande impostor     127
 11  Os 12 espíritos     141
 12  Arranque a armadura do Diabo     157
 13  A arma secreta contra o Inimigo     169

**Parte III: A batalha final**     193

 14  A agenda de Deus relacionada ao fim dos tempos     194

# Introdução

A batalha entre certo e errado, moral e imoral, virtuoso e vil é tão antiga quanto a história documentada. No jardim do Éden, Deus pôs a árvore do conhecimento do bem e do mal e ordenou ao homem que não comesse de seu fruto, acrescentando que a morte ocorreria se ele fizesse isso (Gênesis 2.17). Foi dada ao homem a escolha de obedecer ou desobedecer.

Hoje, o conflito ainda assola a humanidade.

Em alguns momentos, o bem e o mal podem residir na mesma pessoa. Robert Louis Stevenson escreveu sobre o assunto em seu famoso livro *O médico e o monstro*, a história de um homem que sofria de uma desordem de personalidade múltipla.

A luta interna não é nada nova. O apóstolo Paulo escreveu sobre o assunto há mais de dois mil anos, quando disse: "Sei que nada de bom habita em mim, isto é, em minha carne. Porque tenho o desejo de fazer o que é bom, mas não consigo realizá-lo. Pois o que faço não é o bem que desejo, mas o mal que não quero fazer esse eu continuo fazendo" (Romanos 7.18,19).

Neste livro, você ficará face a face com duas das maiores forças antagônicas que operam em nosso mundo: anjos e demônios. Isso não é fruto de nossa imaginação, mas algo real que está em atuação neste exato momento.

Como ministro do evangelho, tenho de batalhar continuamente com as forças de Satanás. Os demônios levantam a cabeça horrenda em nossas cruzadas e tentam destruir o que Deus está fazendo no coração e na vida das pessoas no mundo todo. Ainda assim, posso garantir a você, em primeira mão, a experiência de que o Todo-poderoso sempre enviou seus anjos para me proteger e ministrar a mim — mais vezes do que posso contar.

Billy Graham, certa vez, disse: "Os cristãos jamais devem deixar de perceber a operação de uma glória angelical. Ela eclipsa para sempre os poderes do mundo demoníaco, assim como o Sol o faz com a luz de uma vela". Posso testificar que isso é verdade.

Fico empolgado pelo fato de você ter escolhido ler este livro. O estudo do tema anjos e demônios foi um fator de transformação na minha vida.

Oro para que sua vida seja transformada à medida que você compreende o que está acontecendo no mundo espiritual e descobre sua identidade em Cristo e a autoridade que tem por pertencer ao Senhor.

Vamos começar.

Benny Hinn

# Parte I

# Anjos

## Capítulo 1

# Os surpreendentes seres angelicais de Deus

Hoje, em nossa cultura ocidental, o assunto de anjos não só é popular, como também muito bem aceito. Tenho certeza de que alguém, em um momento ou outro, já disse a você: "Tenho um anjo da guarda que me protege".

Se fizer uma busca no Google, na internet, da palavra "anjos", descobrirá mais de 32 milhões de entradas. Há cada vez mais curiosidade sobre o assunto, embora a maioria das informações não seja bíblica. Na realidade, tanto no mundo secular quanto na igreja há enorme ignorância com relação à verdadeira natureza e função dos anjos.

Estou convencido de que há apenas uma forma de encontrar as verdadeiras respostas — a Palavra de Deus. Ela é a única fonte confiável da verdade espiritual e das informações referentes aos anjos e aos exércitos de anjos. Nas páginas da Bíblia há aproximadamente 300 referências a *anjo* ou *anjos*. Observe também que, na Bíblia, há mais referências a anjos que a demônios.

A palavra "anjo" deriva da palavra hebraica *mal'ak* e do termo grego *angelos*, e esses dois termos significam "mensageiro".

Os anjos pertencem a uma ordem de seres celestiais, superiores aos homens tanto em poder quanto em inteligência. Conforme o salmista escreve: "Que é o homem, para que com ele te importes? E o filho do homem, para que com ele te preocupes? Tu o fizeste um pouco menor do que os seres celestiais e o coroaste de glória e de honra" (Salmos 8.4,5).

O fato de que a posição do homem é inferior à dos anjos é repetida em Hebreus 2.7.

Se aceitarmos as Escrituras, temos também de acreditar que os seres angelicais são reais e que ministram a você e a mim — "aqueles que hão de herdar a salvação". Além disso, temos de abraçar a verdade de que o reino espiritual, apesar de ser invisível ao olho natural, é tão real quanto o mundo físico em que vivemos. Os anjos são seres espirituais que existem em um reino espiritual, mas Deus, com frequência, ordena a eles que venham à terra a fim de realizar sua vontade, trazer uma mensagem e proteger ou libertar seu povo. Como cristãos, um de nossos grandes privilégios é a oportunidade de receber ajuda dos mensageiros especiais de Deus.

## Encontros transformadores de vida

Na Bíblia, de Gênesis a Apocalipse, encontramos relatos de anjos visitando pessoas, intervindo nas circunstâncias da vida dessas pessoas, aconselhando, informando e auxiliando-as de inúmeras maneiras. A Bíblia registra um grande número de aparições de anjos especialmente enviados do céu para ajudar a orientar a vida de homens e mulheres.

Por exemplo, foi um anjo que apareceu a Filipe e o instruiu a pegar a estrada para Gaza a fim de se encontrar com o eunuco etíope (Atos 8).

Os anjos, além da ministração na terra, trabalham no céu, louvando e adorando o Todo-poderoso.

A maioria das pessoas acha mais fácil imaginar os anjos nas esferas celestiais que aceitar o fato de que também nos visitam e nos ajudam na terra. Entretanto, a história cristã está repleta de relatos maravilhosos de indivíduos que tiveram encontros com anjos, encontros esses de transformação de vida.

Acredito que estamos prestes a entrar em um período de manifestações como jamais visto neste planeta, e cada uma das visitações virá acompanhada da aparição de anjos. Se olharmos em retrospectiva para os dias de Abraão, quando Deus visitou a terra, descobriremos que os anjos estavam sempre presentes nesses momentos. E observamos esse fenômeno acontecendo vez após vez.

É vital que saibamos o que a Bíblia ensina com relação às visitações do mundo espiritual, de forma que possamos ser sábios e discernir se são enviados por Deus ou não.

## Sete fatos relacionados aos anjos

Neste livro, vamos nos concentrar nas páginas da Palavra de Deus e desvelar as verdades ocultas referentes tanto a anjos quanto a demônios. Entretanto, à medida que fazemos isso, quero lançar o fundamento concernente aos seres angelicais. Há sete fatos específicos que temos de conhecer.

## 1. Os anjos foram criados por Deus antes da criação de nosso planeta

Deixe-me chamar sua atenção para uma passagem importante das Escrituras, no livro de Jó. Deus pergunta: "'Onde você estava quando lancei os alicerces da terra? Responda-me, se é que você sabe tanto. Quem marcou os limites das suas dimensões? Talvez você saiba! E quem estendeu sobre ela a linha de medir?'" (Jó 38.4,5). A seguir, o Todo-poderoso continua: "Sobre que estão fundadas as suas bases ou quem lhe assentou a pedra angular, quando as estrelas da alva, juntas, alegremente cantavam, e rejubilavam todos os filhos de Deus?" (Jó 38.6,7, *Almeida Revista Atualizada*).

Não pode haver nenhuma outra explicação de que "os filhos de Deus" na passagem mencionada são os anjos. Por quê? Porque isso fala de um tempo antes da criação do nosso mundo. Portanto, eles não poderiam ser seres humanos. Além disso, a palavra para Deus nesse trecho das Escrituras é *Elohim*. Nós, os seres humanos, jamais fomos chamados de "filhos de *Elohim*"; antes, de "filhos do Senhor".

Como outra prova de que os anjos foram criados pelo Senhor, o salmista escreve: "Louvem-no todos os seus anjos, louvem-no todos os seus exércitos celestiais. Louvem-no sol e lua, louvem-no todas as estrelas cintilantes. Louvem-no os mais altos céus e as águas acima do firmamento. Louvem todos eles o nome do Senhor, pois ordenou, e eles foram criados" (Salmos 148.2-5).

Os anjos, como parte da criação, são um fato confirmado no Novo Testamento, de acordo com o que Paulo afirma: "[...] pois nele foram criadas todas as coisas nos céus e na terra, as visíveis e as invisíveis, sejam tronos ou soberanias, poderes ou autoridades; todas as coisas foram criadas por ele e para ele" (Colossenses 1.16).

## 2. Os anjos não podem ser adorados

Recebemos a seguinte ordem das Escrituras:

> [...] não permitam que ninguém os julgue pelo que vocês comem ou bebem, ou com relação a alguma festividade religiosa ou à celebração das luas novas ou dos dias de sábado. Estas coisas são sombras do que haveria de vir; a realidade, porém, encontra-se em Cristo. Não permitam que ninguém que tenha prazer numa falsa humildade e na adoração de anjos

os impeça de alcançar o prêmio. Tal pessoa conta detalhadamente suas visões, e sua mente carnal a torna orgulhosa (Colossenses 2.16-18).

Quando João teve sua grande revelação, fez a seguinte declaração: "[...] caí aos pés do anjo que me mostrou tudo aquilo, para adorá-lo" (Apocalipse 22.8). Mas o anjo foi rápido em alertar João: "'Não faça isso! Sou servo como você e seus irmãos, os profetas, e como os que guardam as palavras deste livro. Adore a Deus!'" (Apocalipse 22.9).

Apesar de os anjos terem sido criados por Deus, com propósitos específicos, não podemos fazer orações a eles, mas só a Deus, o Criador dos céus e da terra.

## 3. Os anjos são organizados em principados e poderes

Mais tarde, discutiremos as cinco divisões de anjos e suas funções. Também aprendemos que há mais de um tipo de exército de anjos, mas lembre-se: "[...] sejam [...] poderes ou autoridades; todas as coisas foram criadas por ele e para ele" (Colossenses 1.16). Em certas ocasiões, eles aparecem e agem como um exército organizado.

## 4. Os anjos são incontáveis

A Bíblia nos afirma: "Mas vocês chegaram ao monte Sião, à Jerusalém celestial, à cidade do Deus vivo. Chegaram aos milhares de milhares de anjos em alegre reunião" (Hebreus 12.22).

Nas palavras do profeta Jeremias: "Como não se pode contar o exército dos céus, nem medir-se a areia do mar, assim tornarei incontável a descendência de Davi, meu servo, e os levitas que ministram diante de mim" (Jeremias 33.22, *Almeida Revista Atualizada*).

Quando Jesus estava sendo preso no Getsêmani, ele disse que poderia pedir ao Pai que lhe enviasse "mais de doze legiões de anjos" para ajudá-lo (Mateus 26.53). Uma legião, naquela época, referia-se a um contingente de tropas que chegava a cerca de 6 mil soldados. Doze legiões de anjos representavam 72 mil anjos!

João, a fim de enfatizar esse ponto, diz: "Então olhei e ouvi a voz de muitos anjos, milhares de milhares e milhões de milhões. Eles rodeavam o trono, bem como os seres viventes e os anciãos" (Apocalipse 5.11). Eles louvavam em voz alta: "Digno é o Cordeiro que foi morto" (Apocalipse 5.12).

Que coral magnífico! Consegue imaginar?

## 5. Os anjos habitam no céu e ficam continuamente diante de Deus

Apesar de ser verdade que os anjos visitam a terra, eles são residentes permanentes do céu. As Escrituras registram: "Vi todo o Israel espalhado pelas colinas, como ovelhas sem pastor, e ouvi o S<small>ENHOR</small> dizer: 'Estes não têm dono. Cada um volte para casa em paz'" (2Crônicas 18.16).

Eles jamais cessam de louvar o Criador. Nas palavras do Filho de Deus: "'Cuidado para não desprezarem um só destes pequeninos! Pois eu lhes digo que os anjos deles nos céus estão sempre vendo a face de meu Pai celeste'" (Mateus 18.10).

## 6. A maioria dos anjos tem aparência de homens

Os anjos, desde Abraão, têm aparecido na terra na forma de homens. Em um dia quente nas planícies de Manre, Abraão, sentado à entrada de sua tenda, "ergueu os olhos e viu três homens em pé, a pouca distância. Quando os viu, saiu da entrada de sua tenda, correu ao encontro deles e curvou-se até o chão. Disse ele: 'Meu senhor, se mereço o seu favor, não passe pelo seu servo sem fazer uma parada. Mandarei buscar um pouco d'água para que lavem os pés e descansem debaixo desta árvore'" (Gênesis 18.2-4).

Sem sombra de dúvida, esses homens eram anjos enviados por Deus.

Mais tarde, na época de Josué, um anjo apareceu a ele como um soldado.

Josué, quando estava próximo de Jericó, "olhou para cima e viu um homem em pé, empunhando uma espada" (Josué 5.13).

O profeta perguntou-lhe: "'Você é por nós, ou por nossos inimigos?'".

O homem contou a Josué que nem uma coisa nem outra, mas "'Venho na qualidade de comandante do exército do Senhor'". Josué, imediatamente, caiu de joelhos e adorou o anjo, querendo saber: "'Que mensagem o meu senhor tem para o seu servo?'" (Josué 5.13,14).

O anjo pediu-lhe que tirasse os calçados porque ele estava pisando em solo sagrado. O profeta louvou a Deus e obedeceu ao Senhor.

No Novo Testamento, logo depois da ressurreição, o anjo visto pelas mulheres no sepulcro tinha a aparência de um rapaz. "Entrando no sepulcro, viram um jovem vestido de roupas brancas assentado à direita e ficaram amedrontadas" (Marcos 16.5).

Também encontramos anjos aparecendo como homens no momento em que Jesus ascendeu ao céu para voltar ao Pai. Os apóstolos "ficaram com os olhos fixos no céu enquanto ele subia. De repente surgiram diante deles dois homens vestidos de branco, que lhes disseram: 'Galileus, por que vocês estão olhando para o céu? Este mesmo Jesus, que dentre vocês foi elevado aos céus, voltará da mesma forma como o viram subir' " (Atos 1.10,11).

Esses "dois homens" eram mensageiros de Deus — anjos — e tinham a aparência de homens normais.

## 7. Os anjos usam roupas

Como os anjos que acabamos de mencionar estavam vestidos? Estavam "vestidos de branco" (Atos 1.10). Encontramos a mesma descrição depois da ressurreição, quando Maria, chorando, estava no sepulcro. Enquanto ela chorava por seu filho, abaixou-se, olhou dentro do sepulcro e viu "dois anjos vestidos de branco, sentados onde estivera o corpo de Jesus, um à cabeceira e o outro aos pés" (João 20.12).

### O MUNDO INVISÍVEL

As coisas "invisíveis" do mundo celestial citadas nas Escrituras são tão reais e passíveis de ser entendidas quanto as coisas visíveis vistas na terra hoje. O apóstolo Paulo diz que Jesus "é a imagem do Deus invisível, o primogênito de toda a criação" (Colossenses 1.15). E "todas as coisas nos céus e na terra, as visíveis e as invisíveis" foram criadas por intermédio de Cristo (Colossenses 1.16).

"Invisível" não quer dizer que não possa ser visto em nenhum lugar. Indica apenas que não é captado por nossa visão porque estamos confinados neste planeta. Mas o que é invisível para nós é visível em um reino distinto. Entretanto, a linha divisória entre esses reinos é muito tênue. Há um mundo invisível no céu, na terra e debaixo da terra. Tanto você quanto eu, no entanto, só vemos o que nos rodeia. Todavia, isso não quer dizer que o que está além de nosso mundo presente não seja real. O invisível para nós existe, mas em outro reino ou local. Habitamos um corpo de carne, mas existem espíritos no mundo hoje que não conseguimos ver com nossos olhos naturais. Deus criou todas as coisas, e "sem ele, nada do que existe teria sido feito" (João 1.3).

Conforme discutiremos mais tarde, nem todos os domínios, principados e poderes mencionados em Colossenses 1 são santos. De acordo com Efésios 6.12, lutamos contra seres malignos, principados e domínios diabólicos. Entretanto, a verdade que quero salientar é que todas as coisas, originariamente, foram criadas santas e perfeitas.

O Deus todo-poderoso planejou o mundo visível para nos dar indícios do mundo invisível, não o contrário. O Criador, que é invisível, existia antes que houvesse a terra ou qualquer coisa material. Anjos, Satanás e espíritos demoníacos são anteriores à humanidade. Primeiro veio o espiritual e depois o físico.

## A EVIDÊNCIA QUE NÃO PODE SER IGNORADA

Os seres humanos podem tentar ignorar a existência de Deus, mas a racionalização deles é inútil.

O apóstolo Paulo apresenta este poderoso argumento: "Pois desde a criação do mundo os atributos invisíveis de Deus, seu eterno poder e sua natureza divina, têm sido vistos claramente, sendo compreendidos por meio das coisas criadas, de forma que tais homens são indesculpáveis" (Romanos 1.20).

A glória de Deus e seu poder invisível e eterno são revelados por intermédio do mundo visível que ele criou. Portanto, quando admirar montanhas majestosas e flores exóticas ou observar um homem e uma mulher caminhando ao longo de uma vereda desfrutando das obras criadas por Deus, saiba que tudo isso é evidência de um poder que tornou todas as coisas possíveis — uma força divina que não podemos ver.

As Escrituras nos dizem algo notável: "Há corpos celestes e há também corpos terrestres; mas o esplendor dos corpos celestes é um e o dos corpos terrestres é outro" (1Coríntios 15.40). Esse texto fala de um universo enorme, invisível para a humanidade — o celestial (invisível) e o terreno (visível).

## Uma percepção do mundo celestial

À medida que prosseguimos, vamos olhar além do véu e ver o que a Bíblia tem a dizer em relação ao que agora está velado para nós. Não buscamos o que é inatingível, tão fora de nosso alcance a ponto de jamais sermos capazes de tocá-lo, mas apenas buscamos um lugar melhor. É isso que os heróis da fé buscam. O escritor de Hebreus refere-se àqueles que "viveram pela fé e morreram sem receber o que tinha sido prometido; viram-no de longe e de longe o saudaram, reconhecendo que eram estrangeiros e peregrinos na terra" (Hebreus 11.13).

O que eles estão buscando? "Os que assim falam mostram que estão buscando uma pátria. Se estivessem pensando naquela de onde saíram, teriam oportunidade de voltar. Em vez disso, esperavam eles uma pátria melhor, isto é, a pátria celestial. Por essa razão Deus não se envergonha de ser chamado o Deus deles, e lhes preparou uma cidade" (Hebreus 11.14-16).

Estavam buscando uma pátria superior, o invisível Reino de Deus. Embora não pudessem vê-lo, sabiam que ele estava ali. A Bíblia afirma em Isaías: " 'Pois os meus pensamentos não são os pensamentos de vocês, nem os seus caminhos são os meus caminhos', declara o Senhor. 'Assim como os céus são mais altos do que a terra, também os meus caminhos são mais altos do que os seus caminhos, e os meus pensamentos, mais altos do que os seus pensamentos' " (Isaías 55.8,9).

A Bíblia sagrada é o único livro escrito que nos fornece uma percepção do mundo celestial e que nos permite dar uma espiada naquilo que fica além deste mundo visível. Há literalmente centenas de textos nas Escrituras que revelam tudo que precisamos saber sobre esse mundo invisível. Deixamos, com frequência, de perceber a verdade porque nos atemos a muitos detalhes, mas tudo sobre o que esses textos falam é tangível e real. Somos chamados a nos sentar nos lugares celestiais.

Oro para que — enquanto nos aprofundamos nas surpreendentes revelações referentes a anjos e demônios — seu coração, sua alma e sua mente escutem as palavras provenientes do céu. Deus está à espera para abrir seu tesouro de conhecimento a você.

## E quanto aos anjos "maus"?

Se você acha que todos os anjos são bons e obedecem à voz de Deus, deve reconsiderar esse conceito! Sabemos, por causa do texto de Isaías 14.12,13, que os anjos podem fazer escolhas, como Lúcifer o fez, personagem que discutiremos no capítulo 5.

O Todo-poderoso, contudo, sabe quais anjos desobedecem a ele, mas estes terão de pagar um alto preço. As Escrituras nos dizem que os "anjos que não conservaram suas posições de autoridade, mas abandonaram sua própria morada, ele [o Senhor] os tem guardado em trevas, presos com correntes eternas para o juízo do grande Dia" (Judas 6).

Deus, em algumas circunstâncias (como ao lidar com o Egito durante a época de Moisés), envia "anjos maus" para fazer seu trabalho. Conforme o salmista escreveu: "[...] quando [Deus] os atingiu com a sua ira ardente, com furor, indignação e hostilidade, com muitos anjos destruidores" (Salmos 78.49).

Em última instância, não existe esperança para os anjos desobedientes. Estão condenados a passar a eternidade no lago de fogo. "Então ele dirá aos que estiverem à sua esquerda: 'Malditos, apartem-se de mim para o fogo eterno, preparado para o Diabo e os seus anjos' " (Mateus 25.41).

Você, por ser cristão, não pode ser separado de seu Pai celestial, e isso não acontece mesmo com a atuação dos anjos maus para o destruir. Você pode afirmar com Paulo: "Pois estou convencido de que nem morte nem vida, nem anjos nem demônios, nem o presente nem o futuro, nem quaisquer poderes, nem altura nem profundidade, nem qualquer outra coisa na criação será capaz de nos separar do amor de Deus que está em Cristo Jesus, nosso Senhor" (Romanos 8.38,39).

Gosto do que Martinho Lutero, o líder da Reforma, disse certa vez: "Permita que seu santo anjo tenha acusações contra nós, e que o anjo perverso não tenha poder sobre nós".

Amém!

## Capítulo 2

# O serafim com seis asas

A maioria das pessoas, quando pensa em um anjo, cria uma imagem mental de um ser celestial com asas — semelhante aos ornamentos encontrados em árvores de natal. Ou quem sabe lhes venha à mente um querubim com um arco e flecha adornando um cartão do Dia dos Namorados.

Assim que abrimos as páginas da Palavra de Deus, descobrimos, no entanto, que existe mais que um tipo de anjo. Eles aparecem em formas singulares, em momentos distintos e para propósitos específicos. Na realidade, existem cinco divisões de anjos mencionados na Bíblia: serafins, querubins, arcanjos, seres viventes e anjos comuns. Examinemos a primeira categoria, a dos serafins.

### Qual é a função deles?

Conhecemos muito pouco sobre essa categoria do exército de anjos. Quem são e qual é a função dos serafins?

O serafim ou os serafins são mencionados só duas vezes na Bíblia — e apenas em uma porção das Escrituras. O profeta Isaías escreve: "No ano em que o rei Uzias morreu, eu vi o Senhor assentado num trono alto e exaltado, e a aba de sua veste enchia o templo. Acima dele estavam serafins; cada um deles tinha seis asas: com duas cobriam o rosto, com duas cobriam os pés e com duas voavam" (Isaías 6.1,2).

Que descrição surpreendente! Tente visualizar um desses anjos com seis asas — duas para esconder o rosto (ele não podia olhar a glória de Deus), duas para cobrir os pés (reconhecendo sua subserviência ao Todo-poderoso) e duas para voar (para cuidar dos assuntos de Deus). O fato de haver menção a eles no plural, serafins, significa que há muitos deles. Não sabemos o número exato, mas sabemos que ficam acima do trono de Deus.

## "Santo, santo, santo"

Não existe nenhum registro sobre para onde os serafins voam. Talvez, tenha sido esse o fato a que Paulo se refere quando relata seu arrebatamento ao terceiro céu, onde testemunha coisas que não consegue explicar (2Coríntios 12.2-4).

Lemos: "[...] proclamavam uns aos outros: 'Santo, santo, santo é o Senhor dos Exércitos, a terra inteira está cheia da sua glória'" (Isaías 6.3).

A função deles, conforme descrita aqui, é falar uns aos outros sobre a santidade de Deus e seus magníficos atos. Esses anjos no céu, com asas cobrindo os olhos, clamam a Deus e o adoram continuamente. O resultado da fala deles é uma poderosa liberação da presença de Deus. "Ao som das suas vozes os batentes das portas tremeram, e o templo ficou cheio de fumaça" (Isaías 6.4). Essa comoção foi tão poderosa que fez tremer os fundamentos do templo celestial no qual Deus habita. As portas começaram a vibrar!

Quando Isaías testemunhou esse evento assombroso, ficou com tanto medo a ponto de exclamar: "Ai de mim! Estou perdido! Pois sou um homem de lábios impuros e vivo no meio de um povo de lábios impuros; os meus olhos viram o Rei, o Senhor dos Exércitos!" (Isaías 6.5).

A seguir, somos informados de que um dos serafins logo "voou até [ele] trazendo uma brasa viva, que havia tirado do altar com uma tenaz. Com ela tocou [sua] boca e disse: 'Veja, isto tocou os seus lábios; por isso, a sua culpa será removida, e o seu pecado será perdoado' " (Isaías 6.6,7).

Isso abre nossos olhos para algo mais sobre esses anjos. Além das asas, eles também têm mãos. Quando os lábios do profeta foram tocados pelo anjo, a iniquidade desse homem de Deus foi removida. Entretanto, como os anjos não têm autoridade para perdoar pecados, o serafim falou em nome de Deus.

# Capítulo 3

# O querubim com quatro rostos

Os serafins foram vistos por Isaías, mas os querubins foram testemunhados pelo profeta Ezequiel.

Os querubins protegiam a árvore da vida, impedindo que Adão e Eva se aproximassem dela, depois que o Criador os baniu do jardim do Éden, por causa do pecado. "Por isso o Senhor Deus o mandou embora do jardim do Éden para cultivar o solo do qual fora tirado. Depois de expulsar o homem, colocou a leste do jardim do Éden querubins e uma espada flamejante que se movia, guardando o caminho para a árvore da vida" (Gênesis 3.23,24).

As Escrituras nos contam muito mais sobre esses exércitos celestiais. Séculos mais tarde, depois de Ezequiel ter uma visão de Deus, ele começou a ver especificamente esses anjos. "Olhei e vi algo semelhante a um trono de safira sobre a abóbada que estava por cima das cabeças dos querubins" (Ezequiel 10.1).

Em Ezequiel 10.21, lemos o seguinte: "Cada um tinha quatro rostos e quatro asas, e debaixo de suas asas havia o que parecia mãos humanas".

Isso foi extremamente revelador. Os serafins têm seis asas, enquanto os querubins, apenas quatro, mas o aspecto mais incomum é que cada um deles tem quatro rostos.

Era o quinto dia do quarto mês do trigésimo ano,
e eu estava entre os exilados, junto ao rio Quebar.

Abriram-se os céus, e eu tive visões de Deus. Foi no quinto ano do exílio do rei Joaquim, no quinto dia do quarto mês. A palavra do SENHOR veio ao sacerdote Ezequiel, filho de Buzi, junto ao rio Quebar, na terra dos caldeus. Ali a mão do SENHOR esteve sobre ele.

Olhei e vi uma tempestade que vinha do norte: uma nuvem imensa, com relâmpagos e faíscas, e cercada por uma luz brilhante [...]. (Ezequiel 1.1-4)

Vindo do norte, aproximou-se algo que se assemelhava a um tornado. E no meio desse redemoinho havia fogo e nuvens, indo diretamente na direção do profeta. O que aconteceu a seguir foi surpreendente: "[...] e no meio do fogo havia quatro vultos que pareciam seres viventes. Na aparência tinham forma de homem, mas cada um deles tinha quatro rostos e quatro asas" (Ezequiel 1.5,6).

Observe que o texto de Ezequiel 10 refere-se a eles como querubins, mas, em Ezequiel 1, são chamados de seres viventes. "Suas pernas eram retas; seus pés eram como os de um bezerro e reluziam como bronze polido" (Ezequiel 1.7). Essas criaturas brilhavam!

Além disso, "debaixo de suas asas, nos quatro lados, eles tinham mãos humanas. Os quatro tinham rostos e asas" (Ezequiel 1.8; v. tb. Ezequiel 10). E aprendemos que "as suas asas encostavam umas nas outras. Quando se moviam, andavam para a frente, e não se viravam" (Ezequiel 1.9).

## OS QUATRO ROSTOS

Tente, por um momento, imaginar uma fileira de anjos ligados uns aos outros e impossibilitados de ficarem separados uns dos outros.

Onde um deles vai, todos os outros também vão. Lembre-se, eles jamais haviam sido vistos por homens, exceto por Adão, quando os querubins protegeram a árvore da vida. Eles, provavelmente, estavam rodeando a árvore, uma vez que havia mais de um desses anjos.

Na visão de Ezequiel, uma fila de querubins de quatro rostos, juntos, caminhavam para a frente. O que eram os quatro rostos? As Escrituras nos falam o seguinte: "Quanto à aparência dos seus rostos, os quatro tinham rosto de homem, rosto de leão no lado direito, rosto de boi no lado esquerdo, e rosto de águia" (Ezequiel 1.10).

Gostaria de acrescentar aqui uma importante verdade sobre essa porção das Escrituras. A menção de querubins com quatro rostos é também uma revelação do Senhor Jesus. O rosto de homem fala de sua humanidade; o rosto de leão fala de sua autoridade; o rosto de boi fala de seu sacrifício na cruz; e o rosto de águia fala de sua divindade.

Isso é surpreendente, mas ainda podemos mencionar outros detalhes.

Aprendemos o seguinte: "Suas asas estavam estendidas para cima; cada um deles tinha duas asas que se encostavam na de outro ser vivente, de um lado e do outro, e duas asas que cobriam os seus corpos" (Ezequiel 1.11).

Consigo visualizar esses anjos com o rosto de homem, de leão, de boi e de águia com as asas superiores unindo-os. Com o segundo conjunto de asas, eles cobriam o corpo. A Bíblia acrescenta um ponto muito importante: "Para onde quer que fosse o Espírito eles iam, e não se viravam quando se moviam" (Ezequiel 1.12). Em outras palavras, os querubins sempre seguiam o Espírito Santo.

## Como um raio!

A descrição dos seres viventes, conforme lemos na Bíblia, desafia a imaginação: "Os seres viventes pareciam carvão aceso; eram como tochas. O fogo ia de um lado a outro entre os seres viventes, e do fogo saíam relâmpagos e faíscas. Os seres viventes iam e vinham como relâmpagos" (Ezequiel 1.13,14).

Embora os querubins estivessem unidos como se presos uns aos outros, eles moviam-se para a frente e para trás com incrível rapidez, como se fossem um só!

Anteriormente, descobrimos que os serafins estavam vestidos de branco, mas não os querubins. Eles tinham a aparência de fogo, como se fossem chamas.

## RODAS DENTRO DE RODAS

Em Ezequiel 1.20, somos informados mais uma vez que a missão deles era dirigida pelo Espírito. "Para onde quer que o Espírito fosse, os seres viventes iam, e as rodas os seguiam, porque o mesmo Espírito estava nelas".

Já ouvi alguém especular que essas "rodas" mencionadas aqui eram discos voadores. Isso é tolice. Os querubins *andavam* sobre rodas de fogo!

Enquanto Ezequiel olhava essas criaturas, ele viu "uma roda ao lado de cada um deles, diante dos seus quatro rostos. Esta era a aparência das rodas e a sua estrutura: reluziam como o berilo; as quatro tinham aparência semelhante. Cada roda parecia estar entrosada na outra" (Ezequiel 1.15,16).

Havia duas rodas — uma exterior e outra interior. "Seus aros eram altos e impressionantes e estavam cheios de olhos ao redor" (Ezequiel 1.18).

Imagine uma roda dentro da outra — e também que essas rodas fossem de fato olhos. Esses seres viventes com quatro rostos tinham olhos em toda a volta dessas rodas. Mais uma vez, acredito que essa é a razão por que o apóstolo Paulo considerou impossível descrever o que vira no céu. Deus criou coisas que nunca vimos anteriormente — muito além daquilo que podemos compreender com nossa limitada mente humana.

Tanto as conexões espirituais quanto as físicas ficam entre as rodas e os querubins. "Quando os seres viventes se moviam, elas também se moviam; quando eles ficavam imóveis, elas também ficavam; e quando os seres viventes se elevavam do chão, as rodas também se elevavam com eles, porque o mesmo Espírito deles estava nelas" (Ezequiel 1.21)

E "acima das cabeças dos seres viventes estava o que parecia uma abóbada, reluzente como gelo, e impressionante" (Ezequiel 1.22).

Muitas pessoas jamais concebem um anjo dessa maneira, mas tente visualizá-lo: "Debaixo dela cada ser vivente estendia duas asas ao que lhe estava mais próximo, e com as outras duas asas cobria o corpo" (Ezequiel 1.23).

## UM BARULHO ESTRONDOSO

Enquanto os querubins se moviam para a frente, Ezequiel ouviu um som que seus ouvidos jamais tinham experimentado. Em suas próprias palavras, ele descreve a imagem se descortinando diante dele: "Ouvi o ruído de suas asas quando voavam. Parecia o ruído de muitas águas, parecia a voz do Todo-poderoso. Era um ruído estrondoso, como o de um exército. Quando paravam, fechavam as asas" (Ezequiel 1.24).

Havia tantos desses querubins que o movimento das asas deles devia soar como o ímpeto das águas das cataratas do Iguaçu ou de Niágara, ou quem sabe como o coro de vozes engrandecendo o Senhor. Um som poderoso irrompeu! Mas, quando pararam e abaixaram as asas, o som estrondoso cessou. Ezequiel foi capaz de ouvir uma voz, vindo por cima da cabeça deles. Ele viu um trono que parecia uma pedra preciosa, uma safira — "havia o que parecia um trono de safira e, bem no alto, sobre o trono, havia uma figura que parecia um homem" (Ezequiel 1.26).

Que impressionante! Acredito que viu filas duplas com milhares de querubins — as asas superiores conectadas, as asas inferiores cobrindo o corpo deles, rodas de fogo abaixo deles, com olhos voltados para todas as direções.

Acima dessa cena estava o Deus todo-poderoso! Qual era a tarefa desses seres celestiais? Estavam carregando a grandiosa glória de Deus.

## Capítulo 4

# Os seres viventes

Examinemos agora uma categoria totalmente distinta de anjos, com funções diferentes no céu. Em grego, são chamados de *zoa*, "seres viventes".

Esses anjos são similares aos querubins, só que têm apenas uma cabeça, e o corpo deles é cheio de olhos na frente e nas costas, talvez centenas de olhos. Os *zoa* também são semelhantes aos serafins, no fato de que cada um deles tem seis asas.

Eis como são descritos por João:

> Há diante do trono um como que mar de vidro, semelhante ao cristal, e também, no meio do trono e à volta do trono, quatro seres viventes [criaturas vivas] cheios de olhos por diante e por detrás. O primeiro ser vivente [ou a primeira criatura dos *zoa*] é semelhante a leão, o segundo, semelhante a novilho, o terceiro tem o rosto como de homem, e o quarto ser vivente é semelhante à águia quando está voando (Apocalipse 4.6,7, *Almeida Revista Atualizada*).

Os serafins foram vistos *acima* do trono de Deus, os querubins foram vistos *debaixo* do trono, mas os seres viventes estavam "no centro, ao redor do trono" (Apocalipse 4.6).

Conforme mencionei anteriormente, quando Ezequiel descreveu os querubins, cada um deles tinha quatro rostos — de homem, de leão, de boi e de águia. Agora, no livro de Apocalipse, encontramos quatros seres angelicais separados, cada um deles com um rosto individual. Três dos quatro rostos são os mesmos que os dos querubins, enquanto o quarto é de um novilho, não de um boi.

Com relação às asas e aos olhos dos zoa, "cada um deles tinha seis asas e cheio de olhos, tanto ao redor como por baixo das asas. Dia e noite repetem sem cessar: 'Santo, santo, santo é o Senhor, o Deus todo-poderoso, que era, que é e que há de vir' " (Apocalipse 4.8).

Como os serafins, conforme revelado ao profeta Isaías, eles adoravam a Deus, clamando: "Santo, santo, santo" (Isaías 6.3). Até hoje, usamos essas palavras quando entramos na presença santa do Todo-poderoso.

## AS ORAÇÕES QUE VOCÊ FAZ SÃO APRESENTADAS A DEUS

Os eventos de Apocalipse 5 centram-se em torno da pergunta feita, em voz alta, por um anjo: "'Quem é digno de romper os selos e de abrir o livro?'" (Apocalipse 5.2).

João escreve: "Mas não havia ninguém, nem no céu nem na terra nem debaixo da terra, que pudesse abrir o livro, ou sequer olhar para ele. Eu chorava muito, porque não se encontrou ninguém que fosse digno de abrir o livro e de olhar para ele" (Apocalipse 5.3,4).

Contudo, um dos 24 anciãos o confortou, dizendo: "'Não chore! Eis que o Leão da tribo de Judá, a Raiz de Davi, venceu para abrir o livro e os seus sete selos'" (Apocalipse 5.5).

Era o Filho de Deus, "um Cordeiro, que parecia ter estado morto" (Apocalipse 5.6), que estava sentado no meio do trono, as quatro criaturas viventes e os anciãos. Então, Jesus "se aproximou e recebeu o livro da mão direita daquele que estava assentado no trono" (Apocalipse 5.7).

Agora, vemos outra referência a esses quatro seres viventes: "Ao recebê-lo, os quatro seres viventes e os vinte e quatro anciãos prostraram-se diante do Cordeiro. Cada um deles tinha uma harpa e taças de ouro cheias de incenso, que são as orações dos santos" (Apocalipse 5.8).

Os 24 anciãos mencionados são homens; possivelmente os 12 apóstolos e os 12 filhos de Jacó.

Se examinar com atenção, você descobrirá que esses anjos não estão de mãos vazias. Em uma mão, carregam uma harpa e, na outra, uma taça de ouro com as orações dos cristãos. Pondere sobre isso! Toda vez que você clama a Deus, o que você diz é guardado naquele recipiente e apresentado ao Senhor. Fica registrado e é lembrado para sempre. Aleluia!

## UMA NOVA CANÇÃO

Visualize o que está acontecendo no céu! Deus todo-poderoso está sentado em seu trono. Acima dele estão os serafins; abaixo dele, os querubins; e o Senhor está rodeado pelos *zoa*, os seres viventes, tocando harpas para a adoração e carregando uma taça de incenso, cujo aroma sobe para lembrar Deus do que seu povo, a Igreja, tem pedido ao Senhor.

À medida que apresentam as orações que você faz e adoram, eles se prostram "diante do Cordeiro" (Apocalipse 5.8), diante de Jesus. Não só os anjos se prostram diante do Filho de Deus, mas também os 24 anciãos.

Depois Jesus, o Cordeiro, pega o livro da mão de Deus, e eles cantam "um cântico novo: 'Tu és digno de receber o livro e de abrir os seus selos, pois foste morto, e com teu sangue compraste para Deus gente de toda tribo, língua, povo e nação. Tu os constituíste reino e sacerdotes para o nosso Deus, e eles reinarão sobre a terra' " (Apocalipse 5.9,10).

O fato de que Jesus foi morto pelos pecados da humanidade lhe deu a autoridade para romper o selo e abrir o livro.

Talvez você possa perguntar: como os *zoa*, os anjos, poderiam ser redimidos? Eles não eram homens e não vinham de todas as tribos e línguas.

Isso é verdade, mas o que descobrimos aqui é que os anjos se identificam com a igreja ao se juntar aos 24 anciãos na adoração a Deus e no agradecimento a Jesus por derramar seu sangue na cruz.

Essa é a razão por que eles, juntos, podem se regozijar e cantar: "'Digno é o Cordeiro que foi morto de receber poder, riqueza, sabedoria, força, honra, glória e louvor!'" (Apocalipse 5.12).

## As sete pragas

João, mais tarde no livro de Apocalipse, quando os julgamentos de Deus já tiveram início, viu "outro sinal, grande e maravilhoso: sete anjos com as sete últimas pragas, pois com elas se completa a ira de Deus" (Apocalipse 15.1).

João pôde ver o que se assemelhava a um mar de vidro misturado com fogo. Os vitoriosos estavam ali de pé, carregando harpas e regozijando-se por terem triunfado sobre a besta (o anticristo) e o número de seu nome (Apocalipse 15.2).

Os anjos cantavam a canção do cordeiro, dizendo: "'Grandes e maravilhosas são as tuas obras, Senhor Deus todo-poderoso. Justos e verdadeiros são os teus caminhos, ó Rei das nações'" (Apocalipse 15.3).

Depois, João viu as portas do santuário se abrirem, e daí apareceram sete anjos carregando sete pragas. Eles estavam vestidos com linho puro e resplandecente e usavam cinturões de ouro (Apocalipse 15.5,6).

O que acontece a seguir é notável: "E um dos quatro seres viventes deu aos sete anjos sete taças de ouro cheias da ira de Deus, que vive para todo o sempre" (Apocalipse 15.7).

Lembre-se, em Apocalipse 15.1 João viu "sete anjos com as sete últimas pragas" que representavam a ira do Todo-poderoso. Mas, agora, um desses seres viventes aproximou-se dos sete anjos, entregando-lhes as sete taças cheias da ira de Deus. Isso nos diz que esses anjos eram os anjos do julgamento. Agora, lembre-se do que foi escrito a respeito dos serafins. Depois que os seres viventes entregaram as sete taças do julgamento cheias da ira de Deus aos sete anjos, o santuário ficou cheio da fumaça da glória de Deus, "e ninguém podia entrar no santuário enquanto não se completassem as sete pragas dos sete anjos" (Apocalipse 15.8).

## "Está feito!"

À medida que começaram a derramar o conteúdo das sete taças (Apocalipse 16), vemos o desenrolar de uma cena espetacular:

1. O primeiro anjo derramou sua taça na terra, "e abriram-se feridas malignas e dolorosas naqueles que tinham a marca da besta e adoravam a sua imagem" (Apocalipse 16.2).

2. O segundo anjo derramou sua taça no mar, "e este se transformou em sangue como de um morto, e morreu toda criatura que vivia no mar" (Apocalipse 16.3).

3. O terceiro anjo derramou sua taça nos rios, "e eles se transformaram em sangue" (Apocalipse 16.4).

4. O quarto anjo derramou sua taça sobre o sol, "e foi dado poder ao sol para queimar os homens com fogo" (Apocalipse 16.8).

5. O quinto anjo derramou sua taça sobre o trono da besta, "cujo reino ficou em trevas. De tanta agonia, os homens mordiam a própria língua" (Apocalipse 16.10).

6. O sexto anjo derramou sua taça sobre o grande rio Eufrates, e "secaram-se as suas águas para que fosse preparado o caminho para os reis que vêm do Oriente" (Apocalipse 16.12).

7. O sétimo anjo derramou sua taça no ar, "e do santuário saiu uma forte voz que vinha do trono, dizendo: 'Está feito' " (Apocalipse 16.17).

Você deve se lembrar de que havia sete taças que continham as orações dos santos (Apocalipse 5.8), e estas foram entregues aos seres viventes para que derramassem julgamento e abrissem caminho para o dia em que "os vinte e quatro anciãos e os quatro seres viventes [zoa] prostraram-se e adoraram a Deus, que estava assentado no trono, e exclama: 'Amém, Aleluia!' " (Apocalipse 19.4).

Hoje, podemos agradecer a Deus pela obra maravilhosa daqueles anjos.

## Capítulo 5

# Os arcanjos da autoridade

Os arcanjos são uma classe especial de anjos que receberam uma alta posição de autoridade por Deus. A palavra em si mesma quer dizer "principais governantes". Em algumas passagens das Escrituras, eles são chamados de "príncipes".

Lemos sobre o arcanjo anunciando a segunda vinda de Cristo: "Pois, dada a ordem, com a voz do arcanjo e o ressoar da trombeta de Deus, o próprio Senhor descerá dos céus, e os mortos em Cristo ressuscitarão primeiro" (1 Tessalonicenses 4.16).

Apenas esses três arcanjos são especificamente mencionados pelo nome nas Escrituras:

1. Miguel, cujo nome em hebraico quer dizer "semelhante a Deus".

2. Gabriel, que quer dizer "homem de Deus".

3. Lúcifer[1], que significa "detentor da luz".

É relevante que os nomes dos dois, Miguel e Gabriel, terminam com o sufixo *el*, o termo hebraico para Deus. Lúcifer, não tinha esse atributo divino.

---

[1] Na verdade, o nome Lúcifer não consta na Bíblia; nas versões em português e em inglês aparecem "a estrela da manhã" ou "o filho da aurora" (Is 14.12). Lúcifer é o termo latino utilizado na Vulgata. [N. do R.]

Por que o Criador não deu a Lúcifer um nome conectado ao Todo-poderoso? Porque, desde o início, Deus conhecia o fim.

Além desses três, há também menção a Apoliom, "o anjo do Abismo" (Apocalipse 9.11), que alguns chamam de arcanjo, mas não existe praticamente nada mais escrito sobre ele nas Escrituras.

### Tarefas únicas

Em algum momento, Lúcifer tinha bastante controle sobre a terra e nosso Universo. Ele tinha a mesma proeminência que Miguel e Gabriel, embora as funções deles fossem distintas:

- A tarefa de Miguel era proteger o povo de Deus, os judeus, e cumprir aquilo que dizia respeito a Israel.
- Gabriel estava designado para ficar na presença de Deus, proclamando a Palavra de Deus.
- Lúcifer, em dado momento, foi responsável pelo louvor e adoração.

Lemos na Bíblia que Lúcifer foi coberto de joias e encheu-se de música.

Deus lhe disse:

"Você era o modelo da perfeição, cheio de sabedoria e de perfeita beleza. Você estava no Éden, no jardim de Deus; todas as pedras preciosas o enfeitavam: sárdio, topázio e diamante, berilo, ônix e jaspe, safira, carbúnculo e esmeralda. Seus engastes e guarnições eram feitos de ouro; tudo foi preparado no dia em que você foi criado" (Ezequiel 28.12,13).

Como tal, ele era uma orquestra viva, uma sinfonia em si mesmo, enchendo o céu com louvores a Deus.

Lúcifer era tão poderoso que "caminhava entre as pedras fulgurantes" (Ezequiel 28.14). Ele tinha autoridade para caminhar na presença do Todo-poderoso.

Ele não era um anjo comum. Deus chamou Lúcifer de o "'querubim guardião, pois para isso eu o designei. Você estava no monte santo de Deus'" (Ezequiel 28.14). Ele certamente não era um dos querubins descritos por Ezequiel porque tinha a posição de um arcanjo ou anjo "principal". Deus, no entanto, deu-lhe o título de querubim ungido porque ele estava ligado à adoração.

## A QUEDA

Lúcifer era o único ser angelical no céu que tinha duas funções — líder de adoração e "querubim guardião", o que quer dizer que foi elevado acima dos outros.

Por fim, esses títulos e posições fizeram com que Lúcifer fosse tomado pelo orgulho. De fato, ele queria ser adorado exatamente como Deus o era, o que o levou a invadir o céu por causa de seus ciúmes. Foi expulso do céu e enviado para a terra. Lúcifer também governava sobre um terço de todos os anjos santos de Deus. Lúcifer os corrompeu, e eles, mais tarde, também se rebelaram contra Deus. Isso resultou em sua destruição e na queda de Lúcifer.

Isaías descreve o evento:

> Como você caiu dos céus, ó estrela da manhã, filho da alvorada! Como foi atirado à terra, você, que derrubava as nações! Você, que dizia no seu coração: "Subirei aos céus; erguerei o meu trono acima das estrelas de Deus; eu me assentarei no monte da

assembleia, no ponto mais elevado do monte santo" (Isaías 14.12,13).

É essencial compreender que essas ocorrências foram anteriores a Adão, antes da criação do homem. Isso não poderia ter acontecido depois do jardim do Éden, porque, quando Adão foi criado, Satanás já estava na terra, o que quer dizer que já havia sido expulso do céu. Já não mais era Lúcifer, o santo arcanjo.

Deus disse a respeito de Lúcifer que, desde o dia em que fora criado, era perfeito em todos os aspectos, até que o mal foi detectado nele. Por causa de suas ações, ele passou a ser violento e rebelou-se contra Deus. E o Senhor expulsou esse anjo do céu porque o coração de Lúcifer se engrandeceu por causa de sua beleza. Ele corrompeu a sabedoria para conquistar a fama mundial, e Deus o derrubou (Ezequiel 28.15-17).

O Senhor Jesus referiu-se a isso quando contou a seus discípulos: "'Eu vi Satanás caindo do céu como relâmpago'" (Lucas 10.18).

Lúcifer, por causa de sua rebelião, foi banido permanentemente do céu.

## "ENCHAM" A TERRA

Quando Deus criou a terra e a humanidade, foi a serpente, Satanás, o Lúcifer caído, que se aproximou de Eva para enganá-la. Antes desse momento, a terra era habitada por seres que hoje chamamos de "demônios". Sei que isso pode representar uma grande surpresa para você, mas acredito que havia uma raça vivendo na terra antes da criação de Adão. Essa é a razão por que Deus disse ao primeiro homem: "'Sejam férteis e multipliquem-se! Encham e subjuguem a terra! Dominem sobre os peixes do mar, sobre as aves do céu e sobre todos os animais que se movem pela terra'" (Gênesis 1.28).

Deus deu a mesma ordem a Noé depois de ele destruir a terra com o Dilúvio. Quando as águas baixaram, o Senhor disse a Noé e a seus filhos: "'Sejam férteis, multipliquem-se e encham a terra'" (Gênesis 9.1).

O Todo-poderoso também instruiu Adão para que este subjugasse a terra (Gênesis 1.28), o que nos leva a questionar: o que havia ali para ser subjugado se não havia inimigos? O Criador disse isso porque Satanás e seus demônios já estavam presentes neste planeta.

A única conclusão a que posso chegar é que antes de Adão havia uma terra cheia de habitantes que não eram homens, que não foram criados à imagem e semelhança de Deus. A terra estava cheia de demônios e tinha um arcanjo caído que a governava.

## OS TRÊS CÉUS

Muitos estudiosos da Bíblia apontam um intervalo entre o versículo 1 e o versículo 2 de Gênesis. Lemos em Gênesis 1.1: "No princípio Deus criou os céus e a terra". O termo hebraico para Deus aqui é *Elohim* (plural), cujo sentido é Deus Pai, Deus Filho e Deus Espírito Santo. O termo "princípio" em hebraico é *bereshît*, que quer dizer, "no passado sem data".

Além disso, na versão da *Tradução Brasileira*, temos "céu", no singular, mas a palavra hebraica é *shamayim*, plural. A Bíblia se refere a três céus:

1. O primeiro céu é nossa atmosfera, aquilo que podemos ver: "Ao firmamento Deus chamou céu" (Gênesis 1.8). Isso também é descrito pelo salmista:

"Quando contemplo os teus céus, obra dos teus dedos, a lua e as estrelas que ali firmaste" (Salmos 8.3).

2. O segundo céu é onde as forças espirituais da perversidade habitam: "pois a nossa luta não é contra seres humanos, mas contra os poderes e autoridades, contra os dominadores deste mundo de trevas, contra as forças espirituais do mal nas regiões celestiais" (Efésios 6.12). Esse é o lugar onde Satanás está agora governando.

3. O terceiro céu é onde Deus habita. Foi descrito por Paulo quando este "foi arrebatado ao terceiro céu" (2Coríntios 12.2).

## A TERRA "TORNOU-SE"

O texto de Gênesis 1.2 é revelador: "Era a terra sem forma e vazia; trevas cobriam a face do abismo, e o Espírito de Deus se movia sobre a face das águas". Repentinamente, vamos da perfeição — um céu e uma terra perfeitos conforme criados por Deus — para uma terra feia e caótica.

Agradeço a Deus por permitir que meu nascimento ocorresse em Israel, onde aprendi a escrever e ler hebraico. Tive uma percepção valiosa sobre as Escrituras, algo que valorizo todos os dias.

Ainda vemos um debate sobre o sentido do termo "era" em Gênesis 1.2: "Era a terra [...]". Em hebraico, "era" (*hayah*) tem dois sentidos. Pode ser "tornou-se" ou "era" (já existia). Você escolhe.

Se o sentido for "tornou-se", existe um intervalo entre os versículos 1 e 2. Se o sentido for "era", não existe esse intervalo — não existia um mundo pré-adâmico. "Tornou-se a terra sem forma e vazia" — então algo ocasionou isso.

Em meu estudo das Escrituras, apoio aqueles que interpretam o termo hebraico como "tornou-se". Caso contrário, a terra que Deus criou em Gênesis 1 foi realmente um pedaço de barro que o Senhor levou um longo tempo para desenvolver, e isso seria evolucionário. Entretanto, se, no versículo 2, a terra tornou-se vazia, isso muda todo o cenário. Por quê? Porque a Bíblia declara: "[...] ele é Deus; que moldou a terra e a fez, ele fundou-a; não a criou para estar vazia, mas a formou para ser habitada [...]" (Isaías 45.18). Nosso Pai celestial não cria o caos; a obra do Senhor é perfeita!

Contudo, a perfeição foi destruída pela queda de Lúcifer. Isso foi documentado no livro de Jó, por meio do qual ficamos sabendo que Deus, em sua ira, julgou a terra: "'Ele transporta montanhas sem que elas o saibam, e em sua ira as põe de cabeça para baixo. Sacode a terra e a tira do lugar, e faz suas colunas tremerem. Fala com o sol, e ele não brilha; ele veda e esconde a luz das estrelas'" (Jó 9.5-7).

Isaías escreveu: "Vejam! O Senhor vai arrasar a terra e devastá-la; arruinará sua superfície e espalhará seus habitantes" (Isaías 24.1)

Quando Deus selará as estrelas em ira? Não desde os dias de Adão. Quando a terra virou de cabeça para baixo? Não desde a criação do homem. Esses eventos devem ter acontecido *antes*.

## Fato, não fantasia

Depois da queda de Lúcifer, que fez que o perfeito mundo que Deus criara ficasse bagunçado, "sem forma e vazia", encontramos algo maravilhoso acontecendo: "o Espírito de Deus se movia sobre a face das águas" (Gênesis 1.2).

Águas? De onde elas são provenientes, se não havia terra perfeita? Uma conclusão é que a água estava congelada até Deus dizer: "Haja luz" (Gênesis 1.3). Só Deus estava se movendo na face do planeta gelado, o que explica a Era do Gelo, conforme evidenciado pelos estudiosos. De que outra maneira você poderia explicar os dinossauros que andaram sobre a face da terra? Hoje temos apenas os fósseis, mas não podemos negar a existência deles.

Os cientistas, após fazer a datação das rochas com carbono -14, chegaram à conclusão de que o mundo tem bilhões de anos. Bem, se "tornou-se" for a tradução correta de Gênesis 1.2, não existe contestação. Isso também confirma o que Jó falou quando disse o seguinte sobre Deus: "Fala com o sol, e ele não brilha; ele veda e esconde a luz das estrelas" (Jó 9.7). O Todo-poderoso instantaneamente julgou a terra e congelou os céus.

Para mim, a ciência de hoje em dia está comprovando que a Bíblia é verdadeira. O mundo pré-adâmico não é mera fantasia; é um fato.

## UMA LEGIÃO DE DEMÔNIOS

Isso nos traz para o assunto dos demônios. Eles são anjos? Impossível. As criaturas angelicais não estão interessadas no nosso corpo; elas têm seu próprio corpo. Jesus nunca disse: "Você, anjo, saia!".

Quando um homem violento e possuído por demônios que estava vivendo entre as tumbas, o gadareno, aproximou-se do Filho de Deus, Jesus ordenou: "'Saia deste homem, espírito imundo!'" (Marcos 5.8). E o homem foi imediatamente liberto.

Os demônios são espíritos desincorporados que podem entrar em um corpo — humano ou outros. Na história mencionada acima, o homem era atormentado por literalmente milhares de demônios. Sabemos disso porque as Escrituras registram que um dos demônios que estava no homem falou com o Senhor e pediu que não fosse torturado. "Então Jesus lhe perguntou: 'Qual é o seu nome?' 'Meu nome é Legião', respondeu ele, 'porque somos muitos' " (Marcos 5.9). Uma legião representa 6 mil seres — um número incrível para habitar um corpo.

A seguir, os demônios pediram que o Senhor não os banisse do lugar em que operavam. Próximo dali havia uma manada de porcos, e os demônios imploraram a Jesus: "'Manda-nos para os porcos, para que entremos neles'" (Marcos 5.12).

E foi exatamente isso que Jesus fez! Mas o resultado foi pior para os porcos que para o homem. Os porcos ficaram confusos, e toda a manada de 2 mil animais se atirou de um precipício no mar e se afogou (Marcos 5.13).

## O GRANDE ENGANADOR

Você pode se perguntar: "Quem são esses demônios? E de onde vieram?".

Precisamos lembrar que Lúcifer, na verdade, invadiu o céu para executar seu plano de ocupar o lugar de Deus:

> "Você, que dizia no seu coração: 'Subirei aos céus; erguerei o meu trono acima das estrelas de Deus; eu me assentarei no monte da assembleia, no ponto mais elevado do monte santo. Subirei mais alto que as mais altas nuvens; serei como o Altíssimo'" (Isaías 14.13,14).

Quem o ajudou com essa traição? Anjos e demônios que habitavam a terra! Lúcifer era o comandante de um terço dos anjos no céu, aqueles que se rebelaram contra Deus.

As Escrituras se referem a Lúcifer como uma estrela que caiu na terra (Apocalipse 9.1). E ficamos sabendo que sua "cauda arrastou consigo um terço das estrelas do céu" que vieram com ele (Apocalipse 12.4). "O grande dragão foi lançado fora. Ele é a antiga serpente chamada Diabo ou Satanás, que engana o mundo todo. Ele e os seus anjos foram lançados à terra." (Apocalipse 12.9.)

Se o Diabo conseguiu convencer um terço de todos os anjos a se voltar contra Deus, fique atento. Cuidado! Não o deixe se aproximar de você. Ele é o ser mais manipulador, mais conspirador do Universo.

Recapitulemos o que sabemos até agora: 1) Lúcifer invadiu o céu; 2) Deus o expulsou; 3) ele e seus anjos caíram na terra; 4) o resultado foi a destruição da terra.

## CRIAÇÃO *VERSUS* RESTAURAÇÃO

A criação é descrita em Gênesis 1.1, mas o que descobrimos no início do versículo 2 é o Criador *restaurando* a terra. E nos vários versículos que se seguem, vemos uma palavra de permissão usada vez após vez: *haja*. "'Haja luz [...]'" (Gênesis 1.3); "'Haja entre as águas um firmamento que separe águas de águas'" (Gênesis 1.6); "'Encham-se as águas de seres vivos, e voem as aves sobre a terra, sob o firmamento do céu" (Gênesis 1.20), e assim por diante.

Descobrimos que a restauração continuou até a criação dos animais. "Assim Deus criou os grandes animais aquáticos e os demais seres vivos que povoam as águas, de acordo com as suas espécies; e todas as aves, de acordo com as suas espécies [...]" (Gênesis 1.21). Isso também era verdade com relação ao homem e à mulher: "Criou Deus o homem à sua imagem, à imagem de Deus o criou; homem e mulher os criou" (Gênesis 1.27). Antes disso, Deus estava restaurando a terra para se tornar um lugar de habitação, de forma que os animais e a humanidade pudessem existir.

Satanás enganou a primeira mulher a fim de recuperar a posição de autoridade que perdera quando Adão fora criado.

E, depois da queda do homem, Satanás voltou a invadir o segundo céu (Efésios 6.12) e ainda opera desse lugar "celestial". E é de lá que será lançado na terra uma segunda vez (Apocalipse 12.9,10). Mais tarde, descobriremos o papel que o arcanjo Miguel desempenha nesses eventos surpreendentes.

No livro de Judas, descobrimos Satanás argumentando com Miguel sobre onde o corpo de Moisés fora enterrado. "Contudo, nem mesmo o arcanjo Miguel, quando estava disputando com o Diabo acerca do corpo de Moisés, ousou fazer acusação injuriosa contra ele, mas disse: 'O Senhor o repreenda!' " (Judas 9). Lembre-se, o Diabo era Lúcifer antes da queda.

Por que o Diabo queria saber o lugar em que Moisés fora enterrado? Com relação ao sepulcro de Moisés, ficamos sabendo que ele foi enterrado "em Moabe, no vale que fica diante de Bete-Peor, mas até hoje ninguém sabe onde está localizado seu túmulo" (Deuteronômio 34.6).

Satanás queria essa informação para que pudesse construir um santuário no local e transformar Moisés em ídolo. O propósito do Diabo é sempre corromper as coisas de Deus.

Por favor, compreenda o seguinte: Miguel tinha ao menos algum respeito por Lúcifer, considerando-se que o Diabo ainda ocupava uma posição nas regiões celestiais, embora uma posição perversa. Nesse caso, Miguel não entrou em uma disputa verbal com Satanás. Ao contrário, disse: "O Senhor repreenda você!".

## NOSSO PODER SOBRE SATANÁS

Não podemos descartar o fato de que Satanás ainda tem alguma autoridade como "o príncipe do poder do ar" (Efésios 2.2). Quando Adão comeu o fruto proibido no jardim do Éden, ele entregou a autoridade que Deus lhe dera a Satanás, e este a detém desde essa época.

Até o Filho de Deus reconheceu isso. No deserto, o Diabo levou Jesus para o alto de uma montanha "e mostrou-lhe todos os reinos do mundo e o seu esplendor" (Mateus 4.8).

Jesus não argumentou com Satanás sobre os reinos do mundo, mas disse: "'Retire-se, Satanás! Pois está escrito: "Adore o Senhor, o seu Deus, e só a ele preste culto"'" (Mateus 4.10).

Na cruz, a derrota de Satanás foi completa, mas sua autoridade não será removida até aquele glorioso dia em que Jesus retornará e reivindicará o que foi conquistado no Calvário. Esse será o momento em que Satanás será lançado "no Abismo" (Apocalipse 20.3).

Nós, como cristãos nascidos de novo, temos poder sobre Satanás somente em nome de Jesus. Quando agimos em nome de Jesus — ou seja, em sua posição ou função —, temos autoridade para comandar nosso inimigo e neutralizar seu poder. Nenhum anjo, no entanto, tem tal autoridade, porque não foi redimido. O poder de Deus pertence apenas à igreja: "'Eu lhes dei autoridade para pisarem sobre cobras e escorpiões, e sobre todo o poder do inimigo; nada lhes fará dano. Contudo, alegrem-se, não porque os espíritos se submetem a vocês, mas porque seus nomes estão escritos nos céus'" (Lucas 10.19,20).

## COMPREENDENDO A VISÃO

Amo ler o livro de Daniel, que conta a história de um rapaz judeu que foi levado cativo para a Babilônia a fim de servir ao rei. Ele defendeu ferrenhamente sua fé e tornou-se um dos profetas de Deus.

Daniel teve uma visão do que estava prestes a acontecer no futuro. O que viu era algo tão poderoso que ele relatou: "[...] fiquei sem forças, muito pálido, e quase desfaleci" (Daniel 10.8).

Enquanto caiu em sono profundo, com a cabeça no solo, um anjo o tocou e lhe disse: " 'Daniel, você é muito amado.

Preste bem atenção ao que vou lhe falar; levante-se, pois eu fui enviado a você'. Quando ele me disse isso, pus-me em pé, tremendo" (Daniel 10.11).

Sabemos que esse é o arcanjo Gabriel porque, em uma visão anterior, ele disse: "E ouvi a voz de um homem que vinha do Ulai: 'Gabriel, dê a esse homem o significado da visão' " (Daniel 8.16).

Em outro momento, enquanto Daniel estava clamando fervorosamente a Deus para a libertação do povo judeu, relatou: "enquanto eu ainda estava em oração, Gabriel, o homem que eu tinha visto na visão anterior, veio voando rapidamente para onde eu estava, à hora do sacrifício da tarde" (Daniel 9.21).

Daniel chama de Gabriel "o homem". Isso é relevante, porque nos mostra que arcanjos não têm asas. Serafins, querubins e seres viventes têm asas, mas o que Daniel testemunhou tinha a aparência de homem. Os "anjos comuns", de que falaremos mais adiante, não têm asas e têm aparência humana.

Também aprendemos que os arcanjos podem trabalhar em velocidades surpreendentes porque Gabriel tinha a habilidade de voar "rapidamente" (Daniel 9.21).

De acordo com Daniel, Gabriel "me instruiu e me disse: 'Daniel, agora vim para dar-lhe percepção e entendimento. Assim que você começou a orar, houve uma resposta, que eu lhe trouxe porque você é muito amado. Por isso, preste atenção à mensagem para entender a visão [...]' " (Daniel 9.22,23).

Arcanjos têm a habilidade de nos dar sabedoria, compreensão e percepção.

## UNIDOS PARA LUTAR CONTRA AS FORÇAS MALIGNAS

Em Daniel 10, encontramos Gabriel chegando mais uma vez para ajudar Daniel a interpretar a visão, mas explicando que se atrasara porque travara uma batalha com o príncipe da Pérsia (um príncipe satânico) por três semanas até que Miguel veio em sua ajuda (Daniel 10.13). Portanto, aprendemos que os arcanjos se uniram para lutar contra as forças malignas. Eles estão em guerra constante no cumprimento das promessas de Deus.

Deixe-me direcionar a sua atenção para o fato de que Gabriel e Miguel, graças à posição que ocupavam, tinham conhecimento divino. Conforme Gabriel contou a Daniel: "mas antes lhe revelarei o que está escrito no Livro da Verdade. E nessa luta ninguém me ajuda contra eles, senão Miguel, o príncipe de vocês" (Daniel 10.21).

Gabriel interpretou a visão referente aos dias vindouros. Ela incluía essa profecia lidando com os judeus e Israel: "'Naquela ocasião Miguel, o grande príncipe que protege o seu povo, se levantará. Haverá um tempo de angústia como nunca houve desde o início das nações até então. Mas naquela ocasião o seu povo, todo aquele cujo nome está escrito no livro, será liberto'" (Daniel 12.1).

## O ARCANJO DA ANUNCIAÇÃO

No Novo Testamento, foi Gabriel quem veio a Zacarias e lhe profetizou que ele e a esposa, Isabel, teriam um filho chamado João (Lucas 1.13,19). Também foi Gabriel que foi enviado a Nazaré para dizer a Maria: " 'Alegre-se, agraciada! O Senhor está com você!' [...] Mas o anjo lhe disse: 'Não tenha medo, Maria; você foi agraciada por Deus!' Você ficará grávida e dará à luz um filho, e lhe porá o nome de Jesus' " (Lucas 1.28,30,31).

Gabriel é o arcanjo da anunciação.

Já compartilhei anteriormente a passagem das Escrituras que descreve como o Senhor descerá do céu com um clamor, "com a voz do arcanjo" (1Tessalonicenses 4.16).

Os estudiosos da Bíblia acreditam que esse arcanjo é Gabriel porque o vemos envolvido na proclamação de eventos proféticos (conforme registrado em Daniel).

### Vitória à frente!

Durante a guerra por vir nos céus, o arcanjo Miguel desempenha um papel crucial. Conforme registrado no livro de Apocalipse, "Houve então uma guerra nos céus. Miguel e seus anjos lutaram contra o dragão, e o dragão e os seus anjos revidaram. Mas estes não foram suficientemente fortes, e assim perderam o seu lugar nos céus" (Apocalipse 12.7,8). Isso acontece quando Satanás e seus anjos são lançados na terra.

Prepare-se! Um dia, haverá uma guerra entre os anjos de Deus e os anjos de Satanás, e Miguel liderará os exércitos angelicais do Todo-poderoso à vitória!

Por favor, entenda que os arcanjos têm poder sobre outros anjos. Nos versículos anteriores, Miguel e seus anjos travam uma guerra, o que quer dizer que eles pertencem a suas fileiras e a seu domínio. Eles o ajudam na luta por controle sobre os sistemas da terra.

Hoje, do "Senhor é a terra e tudo o que nela existe, o mundo e os que nele vivem" (Salmos 24.1). O "sistema", no entanto, ainda pertence a Satanás, uma vez que ele ainda continua a governar nas esferas celestiais (ou no segundo céu). Mas louve o Senhor, pois o controle da terra e de seu sistema será devolvido a Deus, e seu Filho reinará para sempre.

Tudo em que Miguel e Gabriel estão envolvidos tem como objetivo trazer o cumprimento do plano de Deus a terra.

## Capítulo 6

# Os anjos "comuns"

A maioria das pessoas só fala de anjos que têm uma conexão direta com os homens. Portanto, para o propósito de distingui-los das quatro divisões que já discutimos, chama-os de anjos "comuns". Na realidade, eles são tudo, menos comuns em sua natureza.

Esses seres celestiais recebem nomes nas Escrituras. Por exemplo, Daniel escreveu: "Nas visões que tive deitado em minha cama, olhei e vi diante de mim uma sentinela, um anjo que descia do céu" (Daniel 4.13). Os anjos são chamados de *sentinelas* porque sua principal tarefa é a proteção. Eles são uma parte vital do exército de Deus guardando seus filhos.

Também são chamados de "assembleia divina" (Salmos 82.1).

Um dos títulos mais poderosos dado aos anjos é a de "filhos dos poderosos" (Salmos 29.1, *Almeida Revista Corrigida*). O salmista escreveu: "Pois quem no céu se pode igualar ao Senhor? *Quem* é semelhante ao Senhor entre os filhos dos poderosos?" (Salmos 89.6, *Almeida Revista Corrigida*).

Eles são filhos do Senhor, pois Deus é o Todo-poderoso. Essa é a mesma terminologia usada quando o Criador perguntou a Jó: "Onde estavas *tu* quando eu fundava a terra? [...] quando as estrelas da alva juntas alegremente cantavam, e todos os filhos de Deus rejubilavam?" (Jó 38.4,7, *Almeida Revista Corrigida*).

Sabemos que eles eram anjos porque, nesse texto das Escrituras, são filhos de *Elohim*, não filhos de *Javé*, e essa é uma diferença marcante. Quando você ler o termo "filhos" em conexão com *Elohim*, a palavra refere-se aos seres angelicais, não aos homens.

Deus tem 12 nomes nas Escrituras, e o primeiro deles, *Elohim*, ou "Deus, o Criador, o Todo-poderoso", é usado em Gênesis 1. Entretanto, quando Deus formou o homem, encontramos o termo "Senhor Deus" ou *Javé Elohim* (Gênesis 2.7). A diferença é que a criação do homem envolveu comunhão, o que exigia uma aliança.

Outros nomes para anjos incluem os "exércitos" de Deus, referindo-se ao exército do Senhor. O salmista escreveu: "Bendigam o Senhor todos os seus exércitos, vocês, seus servos, que cumprem a sua vontade" (Salmos 103.21).

Também são chamados de anjos "eleitos". Paulo, escrevendo para o jovem Timóteo, deu-lhe o seguinte conselho: "Eu o exorto solenemente, diante de Deus, de Cristo Jesus e dos anjos eleitos, a que procure observar essas instruções sem parcialidade; e não faça nada por favoritismo" (1Timóteo 5.21).

Esses anjos são "eleitos" porque os anjos caídos (um terço que caiu com Lúcifer) foram rejeitados.

Estamos discutindo anjos que são tão numerosos que, para nós, é impossível contá-los. Enquanto podemos contar os serafins, os querubins, os seres viventes e os arcanjos, os anjos comuns são inumeráveis.

## A verdade sobre os anjos

Os anjos comuns são mencionados mais nas Escrituras que os outros de qualquer outra divisão, e a Bíblia relata em detalhes fatos surpreendentes sobre eles.

### 1. Os anjos são muito inteligentes

Uma mulher que estava tentando convencer o rei Davi a se reconciliar com seu filho Absalão, disse-lhe: "'Mas o meu senhor é sábio como um anjo de Deus, e nada lhe escapa de tudo o que acontece no país'" (2Samuel 14.20).

Absalão matou seu irmão Amnom para puni-lo por ter estuprado Tamar, irmã deles. E, depois disso, Absalão passou a ser um homem perseguido e, por três anos, ficou no exílio com a família do rei de Gesur (o pai de sua mãe), um reino vizinho.

Joabe, sobrinho do rei Davi e comandante de seu exército, sabia que Davi, bem no íntimo, ainda amava Absalão. Assim, ele conseguiu que uma mulher viesse à presença do rei e fingisse estar chorando a morte de seu filho, que fora morto por Absalão durante uma briga. Foi um paralelo inventado com o que de fato ocorrera entre Absalão e Amnom. Depois, ela pediu a Davi que a protegesse daqueles que achavam que ela estava defendendo o filho sobrevivente da acusação de assassinato.

O rei Davi concordou, dizendo: "'Por que terá o rei agido contra o povo de Deus? O rei está se condenando com o que acaba de dizer, pois não permitiu a volta do que foi banido'" (2Samuel 14.13).

Davi pediu à mulher que lhe contasse a verdade. Ele queria saber e, portanto, perguntou-lhe: "'Não é Joabe que está por trás de tudo isso?'" (2Samuel 14.19).

A mulher admitiu que ele tinha, sim, algo que ver com tudo isso, mas apenas por Joabe desejar a reconciliação a fim de reverter essa situação. Foi nesse momento que ela contou a Davi que ele era "sábio como um anjo de Deus" e sabia de tudo que acontecia no país (2Samuel 14.20).

Os anjos são extremamente bem informados, muito mais que os homens. Os seres humanos precisam receber educação formal a fim de alcançar certo nível de conhecimento que os anjos receberam assim que Deus os criou. Crescemos em sabedoria, mas eles são sábios desde o momento em que foram criados. Lembre-se, como Adão, eles foram criados como seres totalmente crescidos e maduros.

Com relação às coisas da terra, os anjos conhecem só o que Deus revela a eles. Por exemplo, está registrado que sabiam quando Jesus foi ressuscitado dos mortos porque o Todo-poderoso os enviou em uma missão:

> E eis que sobreveio um grande terremoto, pois um anjo do Senhor desceu dos céus e, chegando ao sepulcro, rolou a pedra da entrada e assentou-se sobre ela. Sua aparência era como um relâmpago, e suas vestes eram brancas como a neve. Os guardas tremeram de medo e ficaram como mortos.
>
> O anjo disse às mulheres: "Não tenham medo! Sei que vocês estão procurando Jesus, que foi crucificado. Ele não está aqui; ressuscitou, como tinha dito. Venham ver o lugar onde ele jazia. Vão depressa e digam aos discípulos dele: Ele ressuscitou dentre os mortos e está indo adiante de vocês para a Galileia. Lá vocês o verão. Notem que eu já os avisei" (Mateus 28.2-7).

Os anjos sabem muito mais que os seres humanos; entretanto, não são oniscientes, porque esse atributo pertence somente a Deus.

## 2. Os anjos são pacientes

Talvez você se lembre da história de Balaque, o rei de Moabe, que estava tão preocupado com os exércitos de Israel que se aproximavam, que mandou buscar Balaão para que este amaldiçoasse os judeus. Deus, no entanto, falou a Balaão que não respondesse a esse pedido: "'Você não poderá amaldiçoar este povo, porque é povo abençoado'" (Números 22.12).

O rei, ansioso, enviou o pedido novamente, e Balão, de forma relutante, foi para o palácio do rei em sua jumenta. Contudo, no caminho, a ira de Deus acendeu-se, "e o Anjo do Senhor pôs-se no caminho para impedi-lo de prosseguir" (Números 22.22).

Quando a jumenta viu o anjo na estrada, brandindo sua espada, ela desviou-se e caiu em uma vala. Balão, de imediato, começou a bater na jumenta para fazê-la voltar para a estrada. Todavia, enquanto atravessavam uma vinha com uma cerca de cada lado, a jumenta, mais uma vez, viu o anjo e correu em direção à cerca, esmagando o pé de Balão.

O anjo, pacientemente, bloqueou o caminho pela terceira vez, tornando impossível para Balão seguir em frente. Quando a jumenta viu o anjo, ela sentou-se. Balão perdeu a paciência e, mais uma vez, bateu no animal com uma vara.

Então, por milagre, Deus deu fala à jumenta. O animal disse a Balão: "'Que foi que eu lhe fiz, para você bater em mim três vezes?'" (Números 22.28).

Deus instrui Balão a continuar, mas a ser fiel e falar só o que lhe fosse dito. Assim, Balão abençoou o povo de Deus, em vez de amaldiçoá-lo.

Foi preciso um anjo calmo para cumprir o propósito de Deus.

## 3. Os anjos são mansos

Há muitos livros escritos por indivíduos que dizem ter tido um encontro pessoal com um anjo. Um deles relatou que um anjo bebeu café com ele e era bem divertido. Perdoe-me, mas isso não é bíblico. Os anjos não socializam com os homens.

Isso mesmo, sabem como se regozijar. Jesus disse: "'Eu lhes digo que, da mesma forma, há alegria na presença dos anjos de Deus por um pecador que se arrepende'" (Lucas 15.10).

É surpreendente, mas verdadeiro, que os anjos se deleitam com coisas que não compreendem plenamente.

Também sabemos que são mansos e gentis, refreando sua força. Descobrimos que "nem os anjos, embora sendo maiores em força e poder, fazem acusações injuriosas contra aqueles seres [os ímpios] na presença do Senhor" (2Pedro 2.11). Eles são cuidadosos com as palavras.

## 4. Os anjos não podem morrer

Jesus, ao falar daqueles que ressuscitarão, declarou que "não podem mais morrer, pois são como os anjos. São filhos de Deus, visto que são filhos da ressurreição" (Lucas 20.36). Em outras palavras, aqueles que morrem em Cristo são como anjos — imortais.

À medida que estuda a Palavra de Deus, você descobrirá que nem um anjo sequer foi ferido em batalha ou falhou no cumprimento de sua missão. Eles são perenes e eternos.

## 5. Os anjos são poderosos

Dizer que os anjos são poderosos é afirmar uma verdade de forma suavizada. Eles rolaram pedras imensas e destrancaram portas de prisões. Paulo escreveu aos cristãos em Tessalônica: "[...] e dar alívio a vocês, que estão sendo atribulados, e a nós também. Isso acontecerá quando o Senhor Jesus for revelado lá dos céus, com os seus anjos poderosos, em meio a chamas flamejantes" (2Tessalonicenses 1.7).

Eles são constantes, fortes e mais vigorosos que os homens. Citando o salmista: "Bendigam o Senhor, vocês, seus anjos poderosos, que obedecem à sua palavra" (Salmos 103.20).

A aparência deles pode ser assustadora e levar a uma atitude de reverência. Em alguns momentos quando Israel estava sob o governo dos filisteus, um anjo veio a um homem chamado Manoá e sua esposa. Ela era estéril, mas os seres celestiais disseram-lhe que teria um filho, e que este iniciaria "a libertação de Israel das mãos dos filisteus" (Juízes 13.5).

O casal construiu um altar, acendeu um fogo e ofereceu sacrifício ao Senhor. A Bíblia nos relata que "quando a chama do altar subiu ao céu, o Anjo do Senhor subiu na chama. Vendo isso, Manoá e sua mulher prostraram-se, rosto em terra" (Juízes 13.20). A presença de um anjo pode ser avassaladora.

Conforme prometido, um filho nasceu, e seu nome era Sansão.

## 6. Os anjos são obedientes

Por favor, leia, mais uma vez, a última parte de Salmos 103.20. Os anjos de Deus não só excedem em poder, mas também obedecem ao Senhor e respondem a suas ordens.

"Exceder" quer dizer que a força é multiplicada por intermédio da oração. No versículo seguinte, descobrimos as seguintes palavras: "Bendigam o Senhor todos os seus exércitos, vocês, seus servos, que cumprem a sua vontade" (Salmos 103.21).

Conforme descobrimos anteriormente, os anjos ouvem a Palavra de Deus por nosso intermédio: "A intenção dessa graça era que agora, mediante a igreja, a multiforme sabedoria de Deus se tornasse conhecida dos poderes e autoridades nas regiões celestiais" (Efésios 3.10). Limitamos o poder dos anjos quando proferimos palavras negativas, palavras de murmuração e de descrença, em vez de falar o que Deus declara.

O apóstolo Paulo diz: "A palavra está perto de você; está em sua boca e em seu coração, isto é, a palavra da fé que estamos proclamando" (Romanos 10.8).

Examinemos novamente o que aconteceu quando a guerra estourou nas regiões celestiais. A Bíblia nos diz o seguinte: "Eles o venceram pelo sangue do Cordeiro e pela palavra do testemunho que deram" (Apocalipse 12.11). Quem são eles? Lemos sobre as hostilidades, mas quem mais está envolvido no conflito além dos anjos? Você!

Nessa grande batalha, Satanás e seus anjos são derrotados e expulsos (Apocalipse 12.9). Depois, ficamos sabendo o seguinte: "Então ouvi uma forte voz dos céus que dizia: 'Agora veio a salvação, o poder e o Reino do nosso Deus, e a autoridade do seu Cristo, pois foi lançado fora o acusador dos nossos irmãos, que os acusa diante do nosso Deus, dia e noite' " (Apocalipse 12.10).

É verdade que Miguel e seus anjos estavam travando essa guerra, mas a igreja também está envolvida — pelo corpo do Cordeiro e "pela palavra do testemunho que deram" (Apocalipse 12.11).

Não poderiam ser os anjos aplicando o sangue, porque não sabem como fazer isso. Eles não foram lavados pelo sangue precioso. A seguir lemos que, "diante da morte, não amaram a própria vida" (Apocalipse 12.11). Bem, os anjos, desde que foram criados, não podem morrer, mas os santos estavam envolvidos em oração; você e eu estamos engajados nesse conflito final.

Temos de depender da Palavra de Deus, orar as promessas de Deus e, depois, observar o que acontece.

## 7. Os anjos são limitados em conhecimento

Quando os seres angelicais foram criados antes da formação da terra, eles receberam sabedoria e conhecimento que precisavam para funcionar em nome de Deus. Todavia, em algumas áreas, têm conhecimento limitado. Por exemplo, não sabem quando Cristo retornará à terra. Jesus disse a seus discípulos: "'Quanto ao dia e à hora ninguém sabe, nem os anjos no céu, nem o Filho, senão somente o Pai'" (Marcos 13.32).

Precisamos nos lembrar de que Pedro falou sobre o desejo deles de aumentar a compreensão dos mistérios da redenção: "[...] mas para vocês, quando falaram das coisas que agora lhes foram anunciadas por meio daqueles que lhes pregaram o evangelho pelo Espírito Santo enviado dos céus; coisas que até os anjos anseiam observar" (1Pedro 1.12).

Eles têm fome de saber mais e aprender por intermédio da observação dos cristãos. O apóstolo Paulo escreveu que a "[...] intenção dessa graça era que agora, mediante a igreja, a multiforme sabedoria de Deus se tornasse conhecida dos poderes e autoridades nas regiões celestiais, de acordo com o seu eterno plano que ele realizou em Cristo Jesus, nosso Senhor" (Efésios 3.10,11).

Por causa disso, pense em sua responsabilidade diante dos seres angelicais. O dia virá quando você julgará os anjos. Paulo perguntou: "Vocês não sabem que haveremos de julgar os anjos?" (1Coríntios 6.3). Deus nunca lhes deu autoridade sobre você, mas o Senhor deu a você autoridade sobre eles.

Esses anjos não podem dizer com lágrimas nos olhos: "Jesus, eu te amo". Não existe menção aos anjos chorando. E não lemos a respeito de um anjo na presença de Deus ficar cheio do Espírito Santo. Isso porque não existe relacionamento — o Espírito foi dado aos que creem. E, como os anjos de Deus nunca pecaram, não conseguem entender a redenção. Não houve nem sequer um plano para redimir os anjos que caíram com Lúcifer.

Por eles não terem sido criados à imagem e semelhança de Deus, é impossível para os anjos conhecerem Deus como nós o conhecemos. Afinal, você não pode ter comunhão com uma criatura que não tenha sua semelhança ou sua natureza. Entretanto, por você e eu termos sido criados à imagem de Deus, temos o privilégio de conhecer o Criador intimamente.

## 8. Os anjos podem aparecer visível e invisivelmente

Maria, depois da ressurreição, olhou no sepulcro "e viu dois anjos vestidos de branco, sentados onde estivera o corpo de Jesus, um à cabeceira e o outro aos pés" (João 20.12). Eles eram visíveis para ela.

Em outros momentos, os anjos estão em nosso meio, e não são nem mesmo reconhecidos. A Bíblia aconselha: "Não se esqueçam da hospitalidade; foi praticando-a que, sem o saber, alguns acolheram anjos" (Hebreus 13.2). É possível que você esteja na presença de um anjo e não saiba disso. Portanto, não ignore cegamente aqueles com quem você não está familiarizado.

No caso de Balaão e da jumenta, mencionados anteriormente, o anjo era invisível para Balaão, mas visível para o animal (Números 22).

## 9. Os anjos podem viajar em velocidades incríveis

Os seres angelicais podem se mover muito mais rapidamente que nossa mente pode imaginar. Conforme o profeta Ezequiel viu em sua visão: "Os seres viventes iam e vinham como relâmpagos" (Ezequiel 1.14). Isso é muito rápido.

Jacó, em sua jornada para Harã, estava acampando certa noite, tendo uma pedra como travesseiro. Assim que caiu no sono, teve um sonho surpreendente. "E teve um sonho no qual viu uma escada apoiada na terra; o seu topo alcançava os céus, e os anjos de Deus subiam e desciam por ela" (Gênesis 28.12).

Os anjos podem viajar da terra para o céu em um piscar de olhos. João escreveu: "E olhei e ouvi um anjo voar pelo meio do céu" (Apocalipse 8.13, *Almeida Revista Corrigida*)

Quando Jesus escolheu Natanael (também conhecido por Bartolomeu) para ser um de seus discípulos, o homem ficou chocado porque o Senhor sabia muito a seu respeito. Jesus falou para esse escolhido: "'Digo-lhes a verdade: Vocês verão o céu aberto e os anjos de Deus subindo e descendo sobre o Filho do homem'" (João 1.51).

Os anjos, como não se limitam a tempo e espaço, podem cumprir suas tarefas em velocidade surpreendente.

## 10. Os anjos têm sua própria linguagem

De acordo com o apóstolo Paulo, os anjos falam em uma linguagem diferente da dos homens. Conforme disse aos cristãos em Corinto: "Ainda que eu fale as línguas dos homens e dos anjos, se não tiver amor, serei como o sino que ressoa ou como o prato que retine" (1Coríntios 13.1).

Não ficamos sabendo em que linguagem os anjos se comunicam, mas posso garantir a você que é uma linguagem celestial!

## Capítulo 7

# O MARAVILHOSO TRABALHO DOS ANJOS

De acordo com um estudo de 2008 feito pelo Pew Forum, 68% dos estadunidenses acreditam em anjos (*Christianity Today* [Cristianismo hoje], 23 de junho de 2008). No entanto, se começarmos a fazer a seguinte pergunta às pessoas: "Qual exatamente é a tarefa dos anjos?", receberemos uma grande variedade de respostas. Mas, quando nos aprofundamos na Palavra de Deus, descobrimos que os anjos têm duas responsabilidades principais: 1) ministram diante de Deus; 2) ministram àqueles que nasceram de novo.

O profeta Daniel, com relação ao serviço dos anjos ao Deus todo-poderoso, teve uma visão do Senhor sentado em seu trono e "milhares de milhares o serviam; milhões e milhões estavam diante dele" (Daniel 7.10). Conforme o salmista escreveu, "Bendigam o SENHOR, vocês, seus anjos poderosos, que obedecem à sua palavra. Bendigam o SENHOR todos os seus exércitos, vocês, seus servos, que cumprem a sua vontade" (Salmos 103.20,21).

A segunda tarefa dos anjos é direcionada aos cristãos: "Os anjos não são, todos eles, espíritos ministradores enviados para servir aqueles que hão de herdar a salvação?" (Hebreus 1.14). Aqui, o termo "todos" significa *todos*, o que inclui serafins, querubins, *zoa* (seres viventes), arcanjos e anjos comuns.

Tenha em mente que os anjos não pertencem ao mundo e não são enviados para servir aos descrentes. Por essa razão, quando ouço pessoas quase religiosas, adeptas da Nova Era, falarem sobre "meu anjo", faço objeção. Em muitos casos, aquilo a que elas se referem como anjos são, na verdade, demônios.

Uma vez que os anjos são "espíritos", não seres humanos, não podem se identificar plenamente com você e comigo. Não podem relacionar-se a tudo o que enfrentamos aqui. Também, como espíritos, eles não têm alma e não podem compreender o conceito de amor — quer por você quer por Deus. Essa é a razão por que os anjos têm curiosidade em relação às coisas relacionadas à salvação. Eles são incapazes de compreender a razão por que Deus enviou seu Filho à terra para morrer pela humanidade.

Os anjos não amam nem odeiam. Eles são apenas espíritos designados por Deus para ministrar em favor dos herdeiros da salvação, não para ministrar a eles. Não podem partilhar nada com você, como, por exemplo, a imposição de mãos para homens e mulheres receberem o Espírito Santo ou serem curados. Eles, no entanto, podem entregar uma mensagem de Deus que o abençoará e podem dizer o que Deus está prestes a fazer em seu favor.

Os anjos não obedecem às nossas ordens, mas são enviados por Deus para ministrar aos crentes.

## A FUNÇÃO DOS ANJOS

É empolgante pensar sobre o que esses embaixadores celestiais fazem pelos filhos de Deus. Examinemos as missões específicas deles.

### 1. Os anjos protegem os cristãos

Se você estiver em perigo, eles são enviados para o ajudar. Lembre-se, essa proteção não existe para os pecadores, mas apenas para os santos. Apesar de ser verdade que a misericórdia de Deus se estende além de qualquer coisa que possamos acreditar, de acordo com a Palavra os anjos são enviados apenas para os filhos e filhas de Deus que foram adotados por intermédio da salvação.

Veja a cobertura da proteção! Temos guarda-costas celestiais — segurança por todos os lados. "O anjo do Senhor é sentinela ao redor daqueles que o temem, e os livra" (Salmos 34.7). Ainda melhor, Deus direcionou esses seres celestiais para fornecer a você proteção total: "Porque a seus anjos ele dará ordens a seu respeito, para que o protejam em todos os seus caminhos" (Salmos 91.11).

Quando Herodes estava perseguindo os seguidores de Cristo, ele jogou Pedro na prisão, planejando mostrá-lo e humilhá-lo publicamente em um julgamento depois da Páscoa. Todavia, uma noite enquanto o apóstolo estava dormindo, acorrentado entre dois guardas, "[...] apareceu um anjo do Senhor, e uma luz brilhou na cela. Ele tocou no lado de Pedro e o acordou. 'Depressa, levante-se!', disse ele. Então as algemas caíram dos punhos de Pedro" (Atos 12.7).

O anjo disse a Pedro para pôr os sapatos, pegar seu casaco e segui-lo para a liberdade. Embora Pedro tenha pensado que estava tendo uma visão, fugiu com o anjo (Atos 12.9). Chegaram à porta de ferro que levava à cidade, que abriu por conta própria. O anjo só foi embora quando Pedro chegou em segurança às ruas.

As Escrituras registram: "Então Pedro caiu em si e disse: 'Agora sei, sem nenhuma dúvida, que o Senhor enviou o seu anjo e me libertou das mãos de Herodes e de tudo o que o povo judeu esperava' " (Atos 12.11).

É muito frequente você não perceber no momento quando um anjo de Deus vem em seu auxílio. A verdade da situação ficará clara mais tarde. Você pode estar dirigindo em uma autoestrada e, de repente, seu carro dá uma guinada a fim de evitar um terrível acidente. Tudo acontece tão rapidamente que você nem se dá conta do que está acontecendo. No entanto, alguns minutos depois, você exclama: "Ah... o Senhor acabou de salvar minha vida!".

Pense em todas as vezes que o Senhor enviou anjos guardiões para sua proteção.

Ainda me recordo do momento em que ouvi o piloto dizer: "Estamos com problemas".

Essas palavras amedrontadoras acordaram-me do sono. Estávamos em um Cessna a 3.400 metros de altura, viajando de Naples, na Flórida, para Orlando, em maio de 1983, à uma hora da madrugada. O céu estava negro, e havia seis de nós a bordo.

"Acho que não temos combustível", contou-nos o piloto, preocupadíssimo, enquanto o motor engasgava até que, por fim, parou. Sentia meu coração acelerado no peito e pensei: "Deus do céu, posso estar com o Senhor em um minuto". A seguir, comecei a perguntar-me: "Será que estou pronto? Será que estou preparado?".

Quando se enfrenta a morte, essa pergunta se torna poderosa. Eu sabia que minha pergunta não poderia deixar espaço para dúvidas. Será que eu estava pronto para a eternidade?

Se você se descobrir na mesma situação, o que pedirá? Você está pronto?

À medida que o avião perdia altura, e o piloto, cheio de ansiedade, procurava um local para um pouso de emergência, minha mente, repentinamente, teve um vislumbre de um evento que acontecera oito meses antes.

Em setembro de 1982, meu pai, Costandi, morreu. Antes do velório, o diretor do local se aproximou de mim e disse: "Reverendo Benny Hinn, seu pai precisa de uma gravata. Você poderia providenciar uma?".

Não titubeei — tirei a gravata que estava usando e a entreguei ao agente funerário. Mais tarde, depois do velório, eu estava de pé ao lado do caixão. Enquanto baixavam o caixão de meu querido pai na cova, aconteceu um incidente que quase descartei de minha memória. Agora, no entanto, enquanto o avião perdia altitude, lembrei-me de tudo com muita nitidez.

Enquanto baixavam o caixão de meu pai na cova, tive uma sensação bastante incomum. Embora tivesse dado minha gravata a meu pai, senti, sem mais nem menos, um aperto em torno de meu pescoço, como se minha própria gravata estivesse me enforcando. A seguir, ouvi uma voz dizendo: "Você morrerá daqui a um ano".

De imediato, respondi em voz alta: "Não, não vou". Quando Satanás fala, é melhor responder, mesmo se as pessoas ao lado não entenderem do que se trata.

Olhei para o céu e disse: "Deus que está no céu, o Diabo não pode fazer isso!". E, de imediato, ouvi a voz inconfundível do Espírito Santo. As palavras que ele proferiu eram tudo de que eu precisava. O Espírito cochichou suavemente: "Não permitirei que você morra".

No avião, lembrei-me daquelas palavras: "Você morrerá daqui a um ano!". Todavia, também me lembrei da voz reconfortante do Espírito Santo.

Toda essa cena levou um segundo para aparecer em minha mente. A seguir, a paz de Deus invadiu-me, e eu sabia que não morreria. Berrei para os outros passageiros apavorados: "Não se preocupem. Ficaremos bem. O Senhor acaba de me dizer isso!". Pois ouvira novamente sua voz enquanto estava no avião. O piloto viu uma pista de pouso em Avon Park, na Flórida, e usou toda sua perícia para fazer o avião com problemas aterrissar ali. Contudo, em razão de alguma avaria no sistema mecânico, isso foi impossível — o avião estava sem potência, e o piloto não conseguiu fazer um pouso tranquilo.

O avião bateu.

Batemos contra uma árvore, e o pequeno avião capotou, dando um giro completo quatro vezes. Ele ficou totalmente destruído — as rodas foram arrancadas e ficaram presas na árvore. A fuselagem estava tão danificada que qualquer pessoa que passasse pelo local do acidente duvidaria que pudesse haver sobreviventes. O motor foi jogado longe, e ficamos de cabeça para baixo.

A porta do avião desaparecera, e, enquanto engatinhava para fora do avião, percebi que não sofrera nenhum arranhão em meu corpo. Graças a Deus, eu não estava ferido.

No escuro, comecei a correr em círculos pedindo ajuda, sem saber onde estava ou para onde ir. Tudo que sabia era que estávamos em uma fazenda. A seguir, pensei: "Meu Deus, o que estou fazendo? É melhor ajudar os outros passageiros".

Voltei correndo para o avião e descobri que eu fora o único que não tinha ferimentos. A cabeça dos pilotos ultrapassava o outro lado do para-brisa quebrado. Soltavam gemidos dolorosos à medida que eu tentava tirá-los dos destroços do avião, mas o metal retorcido os envolvia, tornando impossível minha tarefa. Outro passageiro, um homem de negócios, tinha ferimentos na cabeça, e, ao que tudo indicava, um de seus olhos saíra da órbita. Alcancei-o e, em nome do Senhor, pus seus olhos de volta no lugar.

Foi um verdadeiro milagre que ninguém tivesse morrido no acidente. Enquanto a ambulância se aproximava do local — o que pareceu demorar uma eternidade —, comecei a clamar: "Oh, Senhor, o Diabo queria me matar, mas o anjo do Senhor estava ao meu lado. Só o Senhor me preservou, porque tem um propósito para minha vida. Caso contrário, já estaria morto. Obrigado, Senhor".

Mais tarde, fiquei sabendo que, no exato momento de nosso acidente, uma mulher foi acordada na Califórnia. Ela contou a história de como Deus a chamara, dizendo: "Benny

Hinn está em perigo! Ore!". Ela acrescentou: "O Diabo queria tirar sua vida!".

Eu sabia disso muito bem.

Jamais me esquecerei daquele momento cheio de tensão, quando me perguntei: "Será que estou pronto?". No âmago de meu ser, sabia que estava e também compreendi que Deus ainda tinha tarefas para mim neste mundo. Antes daquele momento, o Espírito Santo me transmitira segurança, e, nesse momento, um anjo protetor estava guardando minha vida.

## 2. Os anjos servem aos santos de Deus

Sempre fui fascinado pelo relato surpreendente do que acontecera com o profeta Elias depois da demonstração para os 450 profetas de Baal no monte Carmelo. Cada um dos lados preparou um sacrifício, e Elias disse: "'Então vocês invocarão o nome do seu deus, e eu invocarei o nome do Senhor. O deus que responder por meio do fogo, esse é Deus'"(1Reis 18.24). Dispostos a provar que o outro lado estava errado, eles concordaram em fazer isso.

Depois que os profetas de Baal falharam em sua tentativa de pedir que o fogo caísse do céu, chegou a vez de Elias. Ele pôs o sacrifício sobre o altar e, a seguir, orou: "'Ó Senhor, Deus de Abraão, de Isaque e de Israel, que hoje fique conhecido que tu és Deus em Israel e que sou o teu servo e que fiz todas estas coisas por ordem tua. Responde-me, ó Senhor, responde-me, para que este povo saiba que tu, ó Senhor, és Deus, e que fazes o coração deles voltar para ti'" (1Reis 18.36,37).

As Escrituras registram que o fogo do Senhor caiu e consumiu não só o sacrifício, mas também a madeira, as pedras, a poeira e a água na vala em volta do altar. "Quando o povo viu isso, todos caíram prostrados e gritaram: 'O Senhor é Deus! O Senhor é Deus!' " (1Reis 18.39).

Elias, em seu zelo por Deus, pediu a morte de todos os 450 profetas de Baal. Isso aconteceu durante o reinado de

Acabe, e este contou a sua mulher, Jezabel, sobre o massacre. Esta logo depois, avisou ao profeta que ela o mataria.

A seguir, lemos que Elias fugiu, caminhando um dia de jornada em terras desertas até que chegou "[...] a um pé de giesta, sentou-se debaixo dele e orou, pedindo a morte: 'Já tive o bastante, SENHOR. Tira a minha vida; não sou melhor do que os meus antepassados' " (1Reis 19.4).

Elias, depois de lamuriar-se em um mar de autocomiseração e desencorajamento, adormeceu debaixo do pé de giesta e "[...] um anjo tocou nele e disse: 'Levante-se e coma'. Elias olhou ao redor e ali, junto à sua cabeça, havia um pão assado sobre brasas quentes e um jarro de água. Ele comeu, bebeu e deitou-se de novo" (1Reis 19.5,6).

Quando veio uma segunda vez e disse a Elias: "'Levante-se e coma, pois a sua viagem será muito longa'" (1Reis 19.7).

Você sabia que os anjos sabem cozinhar? De acordo com essa passagem, eles, pelo menos, sabem fazer comida de anjo! E deve ser bem nutritiva, porque Elias, depois de ficar fortalecido com aquela comida, "viajou quarenta dias e quarenta noites, até chegar a Horebe, o monte de Deus" (1Reis 19.8). Isso representa mais de 450 quilômetros.

Se examinar o mapa de Israel, descobrirá que ele começa a jornada no monte Carmelo (onde o fogo caiu), na região norte do país, próxima à atual cidade de Haifa. A seguir, ele caminhou para Berseba, no deserto do Neguebe. Depois da miraculosa refeição, dirigiu-se ao monte Horebe. Isso totaliza, pelo menos, 720 quilômetros. Ele, no entanto, não estava sozinho em sua jornada, porque os anjos estavam com ele em todos os passos do caminho.

Você, como filho de Deus, jamais anda sozinho. O Senhor ordena que seus anjos sirvam a seus santos. Se você é chamado por Deus para uma missão divina, esses anjos celestiais estarão ao seu lado.

Deus enviará anjos para ir à sua frente, preparando o caminho, exatamente como ele fez em relação ao servo de Abraão, cuja missão era encontrar uma esposa para Isaque. Na Mesopotâmia, ele disse à família de Rebeca o que Abraão lhe dissera antes de partir: "'O Senhor, a quem tenho servido, enviará seu anjo com você e coroará de êxito a sua missão, para que você traga para meu filho uma mulher do meu próprio clã, da família de meu pai' " (Gênesis 24.40).

Ela era a esposa escolhida por Deus para Isaque.

Na época do Antigo Testamento, os anjos apareceram muitas vezes durante as batalhas de Israel. Certa vez, os israelitas estavam sendo oprimidos pelos midianitas, e um rapaz chamado Gideão debulhava o trigo quando "[...] o Anjo do Senhor apareceu a Gideão e lhe disse: 'O Senhor está com você, poderoso guerreiro' " (Juízes 6.12).

Essa afirmação veio como um choque para Gideão, que não se considerava um guerreiro. Ele argumentou que, se Deus estava com ele, por que estavam sofrendo nas mãos do inimigo? Assim, o anjo prosseguiu: "'Com a força que você tem, vá libertar Israel das mãos de Midiã. Não sou eu quem o está enviando?' " (Juízes 6.14).

Gideão, embora se considerasse o menor na casa de seu pai, seguiu as instruções: "Quando Gideão viu que era o Anjo do Senhor, exclamou: 'Ah, Senhor Soberano! Vi o Anjo do Senhor face a face!'. Disse-lhe, porém, o Senhor: 'Paz seja com você! Não tenha medo. Você não morrerá' " (Juízes 6.22,23).

Esse homem improvável liderou Israel em uma de suas maiores vitórias.

Os anjos encorajam os homens e as mulheres de fé, e eles são servos "como você e seus irmãos" (Apocalipse 22.9).

## 3. Os anjos nos protegem do perigo

Daniel era um judeu exilado na Babilônia, durante os dias do rei Nabucodonosor. Mas, graças à habilidade única que tinha para interpretar sonhos, foi elevado a uma posição de prestígio no reino. Depois que Nabucodonosor e seu filho Belsazar foram depostos por Deus — em cumprimento da interpretação dos sonhos proféticos de Daniel —, este profeta foi promovido a governador de todo o país.

Conforme você pode imaginar, os príncipes e governadores de nível mais baixo ficaram extremamente enciumados. Eles, portanto, conspiraram para encontrar uma forma de se livrar de Daniel, um homem de oração que adorava o Deus vivo e verdadeiro. Esses homens ficavam bajulando o novo rei, Dario, e o persuadiram a publicar o seguinte decreto: "'[...] que todo aquele que orar a qualquer deus ou a qualquer homem nos próximos trinta dias, exceto [ao] rei, seja atirado na cova dos leões'" (Daniel 6.7).

Quando Daniel ficou sabendo que o decreto se tornara oficial, não se intimidou e continuou a orar como sempre fizera. As janelas do andar superior de sua casa abriam-se na direção de Jerusalém, e ele, três vezes ao dia, ajoelhava-se em oração naquele lugar, louvando e adorando o Todo-poderoso.

Esses homens, em grupo, espionavam Daniel e descobriram que estava ele orando ao Deus do céu. Então, sem mais delongas, foram até o rei Dario e perguntaram: " 'Tu não publicaste um decreto ordenando que nestes trinta dias todo aquele que fizer algum pedido a qualquer deus ou a qualquer homem, exceto a ti, ó rei, será lançado na cova dos leões?' O rei respondeu: 'O decreto está em vigor, conforme a lei dos medos e dos persas, que não pode ser revogada'. Então disseram ao rei: 'Daniel, um dos exilados de Judá, não te dá ouvidos, ó rei, nem ao decreto que assinaste. Ele continua orando três vezes por dia' " (Daniel 6.12,13).

O plano perverso deles dera certo.

O rei Dario, em vão, tentou encontrar uma forma de poupar Daniel dessa penalidade, mas o rei não tinha como fugir da situação. Não havia outra escolha, exceto manter sua palavra e lançar Daniel na cova dos leões. Uma grande pedra foi colocada sobre a abertura da cova, e o rei a selou com seu anel contendo o selo real.

Naquela noite, Dario não conseguiu dormir. Quando o sol estava despontando no horizonte, ele correu para a cova dos leões e, cheio de ansiedade, chamou: "'[...] Daniel, servo do Deus vivo, será que o seu Deus, a quem você serve continuamente, pôde livrá-lo dos leões?'" (Daniel 6.20).

Daniel respondeu: "'O meu Deus enviou o seu anjo, que fechou a boca dos leões. Eles não me fizeram mal algum, pois fui considerado inocente à vista de Deus [...]'" (Daniel 6.22).

O rei, imediatamente, ordenou que Daniel fosse removido da cova, e a Bíblia registra que ele saiu de lá sem sofrer um arranhão sequer (Daniel 6.23).

O que aconteceu com seus acusadores? Eles foram lançados na cova dos leões, e as feras os destroçaram.

O rei Dario, sem perda de tempo, publicou outro decreto que afirmava o seguinte:

> "Estou editando um decreto para que em todos os domínios do império os homens temam e reverenciem o Deus de Daniel. Pois ele é o Deus vivo e permanece para sempre; o seu reino não será destruído, o seu domínio jamais acabará. Ele livra e salva; faz sinais e maravilhas nos céus e na terra. Ele livrou Daniel do poder dos leões" (Daniel 6.26,27).

Louvado seja o Senhor! O mesmo Deus que protegeu Daniel guarda e protege você! Quando você ora e pede a ajuda do Senhor, ele envia anjos para o libertar do inimigo: "Que eles sejam como a palha ao vento, quando o anjo do Senhor os expulsar" (Salmos 35.5).

## 4. Os anjos fortalecem você nas tribulações

Seguindo o encontro de Cristo com Satanás no monte da tentação, depois que "[...] o Diabo o deixou, [...] anjos vieram e o serviram" (Mateus 4.11). Eles deram a Jesus força para sua missão terrena, que estava prestes a começar.

Mais tarde, quando o Senhor estava enfrentando a maior tribulação de sua vida, ele foi ao jardim do Getsêmani e encontrou um local recluso para orar sozinho. Ali, Jesus olhou para o céu e disse: " 'Pai, se queres, afasta de mim este cálice; contudo, não seja feita a minha vontade, mas a tua'. Apareceu-lhe então um anjo do céu que o fortalecia" (Lucas 22.42,43).

Como resultado, ele orou até mais intensamente, "[...] e o seu suor era como gotas de sangue que caíam no chão" (Lucas 22.44).

Na terra, Jesus era o Filho de Deus, mas ainda assim era também um homem: "pois não temos um sumo sacerdote que não possa compadecer-se das nossas fraquezas, mas sim alguém que, como nós, passou por todo tipo de tentação, porém sem pecado" (Hebreus 4.15).

Assim como os anjos vieram ministrar a Cristo, eles também estão prontos a fortalecer-nos, você e eu, independentemente de qual seja a tribulação que estejamos enfrentando.

## 5. Os anjos trazem respostas às orações

No momento em que você começa a orar, os anjos estão ouvindo. Eles estão prontos para auxiliar Deus, trazendo a resposta no exato momento em que ela é necessária.

Na história maravilhosa de Daniel, quando ele estava derramando seu coração e intercedendo pelo povo de Israel, um anjo apareceu diante dele, dizendo: "'Daniel, agora vim para dar-lhe percepção e entendimento. Assim que você começou a orar, houve uma resposta, que eu lhe trouxe porque você é muito amado. Por isso, preste atenção à mensagem para entender a visão'" (Daniel 9.22,23). Em outras palavras, mal ele acabara de orar, e a resposta lhe foi dada, entregue por um anjo.

Isso é que é comunicação instantânea. No instante em que você começa a orar, Deus, do céu, dá o sinal: "Vá"!

Não muito tempo depois, Daniel estava falando com Deus, pedindo ao Senhor uma interpretação de uma visão, quando um anjo ficou diante dele e disse: "'Não tenha medo, Daniel. Desde o primeiro dia em que você decidiu buscar entendimento e humilhar-se diante do seu Deus, suas palavras foram ouvidas, e eu vim em resposta a elas'" (Daniel 10.12).

Quando falhamos em chamar o Senhor, limitamos a ação de seus anjos, porque eles respondem à oração. Que o Senhor todo-poderoso possa desenvolver em você uma poderosa fome pela oração, de forma que veja o sobrenatural agindo em todos os aspectos e facetas de sua vida.

## 6. Os anjos transmitem a vontade de Deus

Seu Pai celestial não envia seus anjos para entreter você com um recital de harpa ou para cantar canções para você relaxar. O propósito é muito maior. Muitos cristãos, de fato, jamais consideraram o fato de que os anjos os ajudam a conhecer a vontade de Deus para sua vida.

Examinemos o que aconteceu em Jerusalém depois do dia de Pentecoste. As pessoas estavam sendo salvas, curadas e libertas, e a igreja estava crescendo rapidamente. Isso confundiu os líderes religiosos, e os saduceus começaram a deter os apóstolos e enviá-los para a prisão. No entanto, "durante a noite um anjo do Senhor abriu as portas do cárcere, levou-os para fora e disse: 'Dirijam-se ao templo e relatem ao povo toda a mensagem desta Vida' " (Atos 5.19,20).

O mundo tentará impedir que você ouça as diretrizes do Senhor — e muito menos que obedeça a elas —, mas regozije-se no fato de que os anjos o ajudarão a efetuar a missão divina. Se você está comprometido e determinado a obedecer a Deus, todos os demônios do inferno não o podem impedir. Por quê? Porque os anjos do Senhor se certificarão de que você cumpriu o que Deus ordenou.

O êxodo dos filhos de Israel do Egito é uma das maiores aventuras já registradas, mas tudo começou quando Deus enviou um anjo para chamar a atenção de um homem: "Moisés pastoreava o rebanho de seu sogro Jetro, que era sacerdote de Midiã. Um dia levou o rebanho para o outro lado do deserto e chegou a Horebe, o monte de Deus. Ali o Anjo do SENHOR lhe apareceu numa chama de fogo que saía do meio de uma sarça" (Êxodo 3.1,2).

Em resposta ao chamado de Deus, Moisés disse: "'Eis-me aqui'" (Êxodo 3.4).

A vontade do Todo-poderoso era que os israelitas saíssem nessa jornada em direção à terra prometida, *e o anjo de Deus* liderou o caminho do povo de Deus (Êxodo 14.19).

Hoje, os anjos estão sob a autoridade de Cristo, à medida que eles continuam a obra divina de ver a vontade do Pai realizada. Jesus está "à direita de Deus; a ele estão sujeitos anjos, autoridades e poderes" (1Pedro 3.22).

## 7. Os anjos podem executar julgamento

Gostaria de compartilhar uma história que ouvi vários anos atrás sobre uma menina que vivia em um acampamento cristão na África. Certa noite, uma tribo vizinha, que praticava feitiçaria, veio atacar os cristãos que habitavam ali.

As famílias ficaram amedrontadas, e o pânico tomou conta de todos, mas a menina ajoelhou-se e começou a orar.

Os invasores estavam correndo desenfrenadamente, prontos para matar qualquer pessoa no acampamento, quando, de repente, eles pararam nas trilhas que levavam ao acampamento e retiraram-se em disparada. A situação invertera-se, e eles, amedrontados, saíram correndo.

As famílias cristãs mal podiam acreditar no que viam. O que acontecera? Por que eles fugiram? Eram essas as perguntas que se faziam.

Alguns dias mais tarde, um dos líderes tribais retornou ao acampamento sozinho, querendo fazer um tratado de paz.

Todos lhe perguntaram: "Por que vocês fugiram?".

E ele explicou: "Por causa do exército que tinham aqui para proteger vocês".

Os cristãos, chocados, fizeram outra pergunta: "Que exército?".

E o líder contou-lhes: "Os soldados que cercavam o acampamento. Havia milhares e milhares deles, homens montados a cavalo".

Os cristãos, surpresos, lhe disseram: "Nós não temos um exército nem cavalos. Você deve estar enganado. Tudo que vimos foram os homens cheios de fúria de sua tribo".

Deus, sem sombra de dúvida, fez que os olhos dos agressores vissem os anjos de Deus rodeando o acampamento. No entanto, nenhum dos cristãos os viu. Foi a oração fervorosa de uma menina que reverteu a situação.

Acredito que, se os invasores tivessem seguido em frente, seriam as vítimas do julgamento desses anjos.

Os seres celestiais não agem sozinhos, mas seguem as ordens diretas do Deus todo-poderoso. Embora a maioria das pessoas prefira pensar que os anjos são doces e amorosos, vestidos de branco e com asas, além do vistoso halo, eles sempre estão em uma séria missão. Podem executar julgamentos em favor do Senhor. As Escrituras nos dizem:

> Porque, se a mensagem transmitida por anjos provou a sua firmeza, e toda transgressão e desobediência recebeu a devida punição, como escaparemos, se negligenciarmos tão grande salvação? Esta salvação, primeiramente anunciada pelo Senhor, foi-nos confirmada pelos que a ouviram (Hebreus 2.2,3).

Nessa passagem, Deus está permitindo que saibamos que, se Israel foi julgado por sua desobediência às palavras dos anjos (lembre-se, o Todo-poderoso entregou a Lei a Moisés por intermédio da mão de um anjo), como escaparemos se desobedecermos ao Senhor? Pois nossa salvação não veio por intermédio de um anjo, mas por intermédio do Filho de Deus que morreu por nós.

O anjo do Senhor foi o intermediário designado para liderar os filhos de Israel no deserto. Os anjos não foram enviados apenas para entregar a mensagem de Deus a seu povo, mas também para julgar. Eles, até mesmo, receberam a autoridade para destruir os inimigos de Deus, o que fizeram em uma série de ocasiões.

Permita que eu o lembre do que aconteceu nas cidades imersas no pecado de Sodoma e Gomorra. Ló, sobrinho de Abraão, estava sentado à porta da cidade de Sodoma quando dois anjos apareceram. Ló os convidou a passar a noite em sua casa, mas as pessoas da cidade cercaram a residência de Ló e começaram a arrombar a porta para tentar descobrir quem eram os dois estrangeiros.

Os anjos "feriram de cegueira os homens que estavam à porta da casa" (Gênesis 19.11). A seguir, instaram Ló e sua família a deixar Sodoma imediatamente, dizendo: "'As acusações feitas ao SENHOR contra este povo são tantas que ele nos enviou para destruir a cidade'" (Gênesis 19.13). Os anjos, no entanto, disseram que não poderiam fazer nada enquanto Ló não deixasse a cidade. Essa era uma resposta direta à intercessão de Abraão em favor dos tementes a Deus que habitavam aquela cidade. O homem de Deus olhou para o alto, para Deus, e orou: "'Exterminarás o justo com o ímpio?'" (Gênesis 18.23).

Ló e sua família foram poupados quando fogo e enxofre choveram do céu.

Também encontramos anjos trabalhando durante o reinado do rei Ezequias. O exército assírio ameaçara invadir Jerusalém. Quando Ezequias ouviu sobre o ataque iminente, rasgou suas roupas, cobriu-se com pano de saco e foi à casa de Deus orar. Ele era um dos reis de Israel mais tementes a Deus.

À medida que o grande exército da Assíria avançava e se preparava para atacar, Ezequias orou: "'Agora, Senhor nosso Deus, salva-nos das mãos dele, para que todos os reinos da terra saibam que só tu, Senhor, és Deus'" (2Reis 19.19).

O profeta Isaías falou as palavras de Deus, e lemos sobre o que ocorreu a seguir: "Naquela noite o anjo do Senhor saiu e matou cento e oitenta e cinco mil homens no acampamento assírio. Quando o povo se levantou na manhã seguinte, o lugar estava repleto de cadáveres!" (2Reis 19.35).

Aquele era um exército imponente com 185 mil homens, e todos eles foram mortos por um anjo! Sem sombra de dúvida, isso aconteceu em resposta à oração; os anjos executaram julgamento.

Que crise você enfrenta em sua vida? O que o leva a entrar em pânico e ficar amedrontado? Deus está dizendo a você que se ajoelhe e ore, porque não há um só ataque do inimigo que Deus não possa derrotar com apenas um de seus anjos.

Já discutimos como Herodes lançou Pedro na prisão e como ele foi liberto por um anjo. Mas esse não é o fim da história.

Quando os guardas do rei não conseguiram explicar como Pedro escapara, Herodes ordenou que eles fossem executados e, a seguir, foi para seu palácio em Cesareia. Ali, foi rodeado por cidadãos que o admiravam e que insuflavam seu ego. Depois do discurso, o povo gritou: "É voz de deus, e não de homem" (Atos 12.22).

Deus, por fim, resolvera dar um basta ao antagonismo e à arrogância de Herodes, de forma que um dia, enquanto esse rei que odiava os cristãos estava sentado em seu trono, o seguinte aconteceu: "Visto que Herodes não glorificou a Deus, imediatamente um anjo do Senhor o feriu; e ele morreu comido por vermes" (Atos 12.23).

É perigoso aceitar a glória para si mesmo quando Deus é o único merecedor dela. Esse rei perverso foi morto por um anjo do Senhor, e justamente morto.

Nas Escrituras, vez após vez, vemos o Senhor enviando seres celestiais para lutar contra os ímpios. Jesus falou sobre o final dos tempos, quando o "'Filho do homem enviará os seus anjos, e eles tirarão do seu Reino tudo o que faz tropeçar e todos os que praticam o mal. Eles os lançarão na fornalha ardente, onde haverá choro e ranger de dentes'" (Mateus 13.41,42).

Os anjos são usados pelo Todo-poderoso para cumprir seus planos e propósitos, mesmo que isso envolva o julgamento dos iníquos ou descrentes.

## 8. Os anjos ajudam a guiar as pessoas em direção a Cristo

Talvez você tenha derramado seu coração a Deus noite após noite, orando para que um querido amigo seja salvo, e sentiu que não era o único que se importava. Pense novamente.

Em certos aspectos, Deus enviará um anjo (ou anjos) para guiar esse indivíduo a um lugar em que ele possa encontrar o Senhor.

Veja o caso de Cornélio, capitão da guarda romana em Cesareia. Ele era um homem religioso e temente a Deus que sempre ajudava aqueles que enfrentavam dificuldades. Então, um dia, por volta das 3 horas da tarde, ele teve uma visão surpreendente. Viu "[...] claramente um anjo de Deus que se aproximava dele e dizia: 'Cornélio!' " (Atos 10.3).

De início, ficou com medo, mas, depois, reuniu coragem para perguntar: "'Que é, Senhor?'" (Atos 10.4).

O anjo explicou como as orações e os atos em benefício do próximo fizeram que a atenção de Deus se voltasse para Cornélio. A seguir, este recebeu a seguinte instrução: "'Agora, mande alguns homens a Jope para trazerem um certo Simão, também conhecido como Pedro, que está hospedado na casa de Simão, o curtidor de couro, que fica perto do mar'" (Atos 10.5,6).

Toda essa cena reaviva minhas lembranças. É muito real para mim. Cresci em Jope, hoje chamada Jaffa. As crianças costumavam brincar perto das docas, do outro lado da casa de Simão, o curtidor de couro.

Quando o anjo partiu, Cornélio contou a dois de seus servos de confiança e a um soldado devoto o que acabara de acontecer e os enviou a Jope, a cerca de 50 quilômetros mais ao sul, na costa.

À medida que eles se aproximavam da cidade, Pedro, por volta da hora do almoço, estava no terraço da casa de Simão, quando, de repente, caiu em êxtase. Deus mostrou-lhe o que se assemelhava a um grande lençol sendo abaixado por cordas e posto no chão, "contendo toda espécie de quadrúpedes, bem como de répteis da terra e aves do céu. Então uma voz lhe disse: 'Levante-se, Pedro; mate e coma' " (Atos 10.12,13). Pedro resistiu, dizendo que jamais havia comido nada que não fosse *kosher*, o alimento aprovado pelos rabinos judeus.

A voz falou com ele uma segunda vez: "'Não chame impuro ao que Deus purificou'" (Atos 10.15). Isso aconteceu três vezes, e depois o lençol foi puxado para o céu e desapareceu.

Enquanto Pedro tentava entender o sentido de tudo isso, três homens enviados por Cornélio chegaram à porta da frente perguntando se alguém chamado Pedro estava hospedado ali. Na mesma hora, o Espírito sussurrou a Pedro: "'Simão, três homens estão procurando por você. Portanto, levante-se e desça. Não hesite em ir com eles, pois eu os enviei'" (Atos 10.19,20).

Pedro, assim que chegou à porta, disse aos homens que era a pessoa a quem procuravam. Os enviados explicaram-lhe que Cornélio recebera a ordem de um anjo para que o chamasse e que ele deveria retornar com eles e compartilhar o que quer que tivesse a dizer. Na manhã seguinte, o grupo, incluindo os amigos de Pedro de Jope, rumou para Cesareia.

Assim que Pedro entrou na casa de Cornélio, o capitão militar prostrou-se e adorou-o. Pedro, contudo, disse-lhe: "'Levante-se, eu sou homem como você'" (Atos 10.26).

Um grande grupo reuniu-se, e Pedro dirigiu-se a ele: "'Vocês sabem muito bem que é contra a nossa lei um judeu associar-se a um gentio ou mesmo visitá-lo. Mas Deus me mostrou que eu não deveria chamar impuro ou imundo a homem nenhum'" (Atos 10.28). Mas ele ainda queria saber a razão por que Cornélio o havia chamado, dizendo: "Posso perguntar por que vocês me mandaram buscar?" (Atos 10.29).

Cornélio compartilhou com ele tudo que acontecera enquanto estava orando, contando que um anjo viera até ele e pedira que chamasse um homem de nome Pedro para visitar sua casa. A seguir, completou: "'Assim, mandei buscar-te imediatamente, e foi bom que tenhas vindo. Agora estamos todos aqui na presença de Deus, para ouvir tudo que o Senhor te mandou dizer-nos'" (Atos 10.33). É importante notar que Cornélio não conhecia o plano da salvação nem mesmo que ele estava disponível para ele.

O que aconteceu a seguir representou um ponto crucial na História. A mensagem de Cristo, pela primeira vez, estava sendo pregada não só aos judeus, mas também aos gentios, contando a eles "'de que todo o que nele crê recebe o perdão dos pecados mediante o seu nome'" (Atos 10.43).

Cornélio e sua casa foram todos salvos. Enquanto Pedro ainda estava compartilhando as boas-novas, "o Espírito Santo desceu sobre todos os que ouviam a mensagem" (Atos 10.44).

Aqueles que acompanharam Pedro "ficaram admirados de que o dom do Espírito Santo fosse derramado até sobre os gentios, pois os ouviam falando em línguas e exaltando a Deus" (Atos 10.45,46).

Em resposta à oração, o anjo do Senhor foi envolvido na salvação da casa de Cornélio. Essa é a razão por que jamais deve desistir ou cansar-se de orar por aqueles que você ama.

## 9. Os anjos dirigem aqueles que ministram o evangelho

O apóstolo Paulo estava enfrentando uma terrível tempestade em sua viagem para ser julgado em Roma. Quando o navio começou a ser assolado pelas ondas e ser destruído, ele disse a todos que estavam a bordo: "'Pois ontem à noite apareceu-me um anjo do Deus a quem pertenço e a quem adoro, dizendo-me: "Paulo, não tenha medo. É preciso que você compareça perante César; Deus, por sua graça, deu-lhe a vida de todos os que estão navegando com você"'" (Atos 27.23,24).

Um anjo também ministrou a Filipe, o evangelista do século I. Durante aquele período de intensa perseguição, depois que Estêvão foi apedrejado até a morte por pregar o evangelho, Filipe tornou-se ousado em seu testemunho e saiu proclamando Cristo por todos os lugares.

Um dia, um "[...] anjo do Senhor disse a Filipe: 'Vá para o sul, para a estrada deserta que desce de Jerusalém a Gaza'" (Atos 8.26). Filipe não questionou a razão para isso; apenas obedeceu.

No caminho, ele se encontrou com um eunuco etíope que viajava por aquela estrada. O eunuco, responsável pelas finanças da rainha da Etiópia, havia feito uma peregrinação até Jerusalém e estava voltando para casa. Seguia em sua carruagem e lia as palavras do profeta Isaías.

O anjo sabia que esse homem precisava ouvir o evangelho.

O Espírito falou a Filipe para correr ao lado da carruagem. E, quando ele ouviu o eunuco recitando as Escrituras em voz alta, perguntou: " 'O senhor entende o que está lendo?' Ele respondeu: 'Como posso entender se alguém não me explicar?' Assim, convidou Filipe para subir e sentar-se ao seu lado" (Atos 8.30,31).

Eis a porção das Escrituras que o eunuco estava lendo:

"Ele foi levado como ovelha para o matadouro,
e como cordeiro mudo
   diante do tosquiador,
ele não abriu a sua boca.
Em sua humilhação
   foi privado de justiça.
Quem pode falar
   dos seus descendentes?
Pois a sua vida foi tirada
   da terra" (Atos 8.32,33).

O eunuco queria saber se Isaías estava se referindo a si mesmo ou a outro homem. Isso deu a Filipe a oportunidade de ouro para compartilhar a história milagrosa de Cristo, aquele que derramou seu sangue por nossos pecados.

O etíope, em sua carruagem, foi gloriosamente salvo e queria ser batizado. Filipe respondeu: " 'Você pode, se crê de todo o coração'. O eunuco respondeu: 'Creio que Jesus Cristo é o Filho de Deus' " (Atos 8.37).

Eles pararam à beira de um riacho, e o evangelista batizou o homem. Quando saíram da água, o "Espírito do Senhor arrebatou Filipe repentinamente. O eunuco não o viu mais e, cheio de alegria, seguiu o seu caminho" (Atos 8.39). E o etíope retornou a seu povo com a mensagem de Cristo.

Esse foi um cumprimento de uma palavra profética dada por Davi quando disse: "Ricos tecidos venham do Egito; a Etiópia corra para Deus de mãos cheias" (Salmos 68.31).

Tudo isso aconteceu quando o anjo levou o pregador a um homem que necessitava do perdão de Cristo. Aleluia!

Visitação similar aconteceu ao apóstolo Paulo. Após retornar de uma de suas viagens missionárias a Jerusalém, os líderes religiosos judeus começaram a fazer acusações contra Paulo, o que resultou na prisão deste. Na audiência pública, Paulo deu o testemunho de sua conversão e declarou que não fizera nada errado. O rei Agripa, para eximir-se de qualquer responsabilidade em relação a esse assunto, enviou Paulo a Roma, onde Paulo poderia fazer seu apelo diretamente a César.

O apóstolo, ainda prisioneiro, foi posto em um navio que se dirigiu primeiro a Éfeso. Depois, após ser transferido para outro navio em Chipre, a embarcação enfrentou uma séria tempestade no mar e teve de atracar na ilha de Creta.

Paulo avisou o capitão de que deveriam ficar onde estavam, mas este não deu ouvidos aos conselhos do prisioneiro. E, quando tentaram alcançar outro porto ao longo da viagem, ventos fortíssimos e ondas impetuosas começaram a danificar e destruir a embarcação. Paulo descreveu o ocorrido: "No dia seguinte, sendo violentamente castigados pela tempestade, começaram a lançar fora a carga" (Atos 27.18). Depois de vários dias navegando nessa terrível tempestade, todos a bordo já haviam perdido as esperanças de que sobreviveriam a esse desastre.

Por fim, Paulo, diante de todos a bordo, anunciou: "'Os senhores deviam ter aceitado o meu conselho de não partir de Creta, pois assim teriam evitado este dano e prejuízo. Mas agora recomendo-lhes que tenham coragem, pois nenhum de vocês perderá a vida; apenas o navio será destruído'" (Atos 27.21,22).

Como poderia saber isso? Ele explicou: "'Pois ontem à noite apareceu-me um anjo do Deus a quem pertenço e a quem adoro, dizendo-me: "Paulo, não tenha medo. É preciso que você compareça perante César; Deus, por sua graça, deu-lhe a vida de todos os que estão navegando com você'" (Atos 27.23,24).

O anjo garantiu a Paulo que não precisava temer, porque tudo isso era o plano de Deus, pois o Senhor queria que ele pregasse o evangelho a César.

No décimo quarto dia, o que sobrou do navio foi arremessado contra um penhasco, e os homens nadaram até a praia. E de lá viajaram para Roma.

Você pode dizer: "Mas tudo isso aconteceu dois mil anos atrás. O Senhor ainda usa anjos para direcionar os passos daqueles que ministram hoje?". É claro que isso também acontece na atualidade, uma vez que "em Deus não há parcialidade" (Romanos 2.11).

## 10. Os anjos aparecem em sonhos

É empolgante ler as histórias de seres angelicais no período bíblico, mas, quando você experimenta pessoalmente a presença deles, é algo transformador de vida!

Ainda posso recordar vividamente um sonho que tive enquanto dormia em meu quarto em uma noite gelada de inverno, em 1972, que realmente deixou-me aturdido. Eu era um funcionário do alto escalão da escola de ensino médio Georges Vanier, em Toronto, e ainda não havia entregado minha vida a Cristo.

Em meu sonho, estava descendo uma escada longa e escura. Era tão íngreme que pensei que cairia. Ela me levava para um profundo abismo, que não tinha fim. Eu estava preso por uma corrente a um prisioneiro à minha frente e a outro atrás de mim. Usava roupas de prisioneiro, e havia correntes prendendo meus tornozelos e punhos. Até onde conseguia ver à minha frente e atrás de mim, havia uma fila interminável de condenados.

Depois, na penumbra daquele tênue feixe de luz, vi dezenas de seres pequenos se movendo de um lugar para outro. Eram como duendes. Conseguia ver a face deles, mas a forma do corpo mal podia ser distinguida. Era óbvio que estávamos sendo puxados escada abaixo por eles, como um rebanho de gado indo para o matadouro.

De repente, do nada, surgiu um anjo do Senhor. Era algo maravilhoso de ser visto. O ser celestial planava à minha frente, apenas a alguns passos de distância. Jamais em toda a minha vida tivera uma visão como essa — um anjo bonito e resplandecente em um abismo escuro, de trevas.

Quando olhei novamente, o anjo fez sinal com as mãos para que eu me aproximasse um pouco mais. A seguir, olhou-me nos olhos e chamou-me em voz alta. No mesmo instante, as amarras de minhas mãos e pés se soltaram, e já não estava mais preso a meus companheiros de prisão.

O anjo, com toda a pressa, conduziu-me através de uma porta aberta, e, no momento em que entrei na luz, o ser celestial pegou-me pela mão e deixou-me em uma rua da cidade, a Don Mills Road, bem na esquina da escola

Georges Vanier. Deixou-me a apenas alguns centímetros do muro da escola, bem debaixo de uma janela.

Em um segundo, o anjo já havia sumido de vista.

Acordei cedo e apressei-me a ir para a escola a fim de estudar na biblioteca antes do início das aulas.

Enquanto estava sentado naquele lugar, nem mesmo pensando sobre o sonho, um pequeno grupo de alunos se aproximou de minha mesa. Imediatamente os reconheci, uma vez que me andavam importunando com "o falar sobre Jesus" havia algum tempo.

Pediram-me que me unisse a eles em sua oração matutina em um cômodo logo ao lado da biblioteca. Pensei: "Bem, se eu for, isso fará que larguem do meu pé".

"Tudo bem", disse-lhes, e eles me levaram para aquele cômodo. Éramos um pequeno grupo.

Repentinamente, todos levantaram as mãos e começaram a orar em alguma língua estranha e muito engraçada. Fiquei de olhos abertos. Mal conseguia piscar enquanto aqueles alunos, já no final da adolescência, louvavam a Deus com sons ininteligíveis. Jamais ouvira alguém orando em línguas.

O que aconteceu a seguir foi surpreendente. Fui pressionado por uma repentina necessidade de orar, mas não sabia o que dizer. Em todas as minhas aulas de religião durante a infância, jamais me ensinaram a oração do pecador, mas lembrei-me de uma visão que tivera de Jesus quando tinha 11 anos. Assim, apenas fechei os olhos e pronunciei as palavras "Vem, Senhor Jesus".

Louvado seja Deus! Ele veio! Senti uma onda de poder que me limpava de dentro para fora. Jesus se tornou tão real para mim quanto a própria vida. Sem dúvida, sabia que algo extraordinário acontecera comigo naquela manhã de inverno, no dia 14 de fevereiro de 1972, às 7h50 da manhã.

Limpei as lágrimas dos olhos durante todo aquele dia. E a única coisa que conseguia dizer era: "Jesus, eu amo o Senhor... Jesus, eu amo o Senhor".

Depois da última aula do dia, saí da escola, caminhei até a esquina e olhei para a janela da biblioteca, e as peças começaram a se encaixar.

O anjo. O sonho. Tudo voltou a ser muito real.

Jamais devemos descartar com veemência o poder de um sonho, em especial quando Deus está envolvido.

Voltemos à época do filho de Isaque, Jacó. Ele, distante de sua casa, descreve como o "O Anjo de Deus [disse-lhe em] sonho: 'Jacó!' [Ele respondeu]: Eis-me aqui!' " (Gênesis 31.11). Depois, o anjo lhe disse que levasse a esposa e os filhos de volta à terra de Canaã, para junto de seu pai, Isaque. Imagine como essa recepção foi maravilhosa!

Séculos mais tarde, um sonho envolvendo um anjo aconteceu antes do nascimento de Cristo.

Maria e José estavam noivos, já comprometidos para o casamento, quando ele descobriu que ela estava grávida. José sabia que não poderia ser o pai, pois ainda não haviam consumado o casamento. José, no entanto, não querendo que Maria fosse difamada, procurava uma maneira de esconder o nascimento que ocorreria.

Então, aconteceu algo incomum. Enquanto José pensava sobre a situação, "apareceu-lhe um anjo do Senhor em sonho e disse: 'José, filho de Davi, não tema receber Maria como sua esposa, pois o que nela foi gerado procede do Espírito Santo' " (Mateus 1.20).

O anjo lhe disse que a criança deveria se chamar Jesus, "porque ele salvará o seu povo dos seus pecados" (Mateus 1.20). Esse fato foi o cumprimento de uma profecia (v. Mateus 1.22,23).

Quando José acordou de seu sonho, "fez o que o anjo do Senhor lhe tinha ordenado e recebeu Maria como sua esposa" (Mateus 1.24), a mãe do precioso Filho de Deus, Jesus.

Mais tarde, mais uma vez, "um anjo do Senhor apareceu a José em sonho e lhe disse: 'Levante-se, tome o menino e sua mãe, e fuja para o Egito. Fique lá até que eu lhe diga, pois Herodes vai procurar o menino para matá-lo' " (Mateus 2.13).

Eles fugiram em tempo, porque Herodes ordenou a morte de todos os meninos que tinham até 2 anos de idade, habitantes de Belém e das áreas adjacentes.

Quando Herodes morreu, houve uma terceira visitação angelical: "um anjo do Senhor apareceu em sonho a José, no Egito, e disse: 'Levante-se, tome o menino e sua mãe, e vá para a terra de Israel, pois estão mortos os que procuravam tirar a vida do menino' " (Mateus 2.19,20).

Jamais deveríamos ignorar ou considerar levianamente os sonhos envolvendo os anjos de Deus. O Senhor pode estar falando conosco, dando-nos instruções e salvando nossa vida.

## 11. Os anjos testemunham nossa confissão

Acredito de todo o coração que toda vez que um homem, uma mulher ou um jovem ora por salvação, os anjos observam essa atitude e se regozijam com o pedido. Embora eles não compreendam totalmente a redenção, celebram-na no céu!

Na época de Jesus, os fariseus e os mestres da lei criticavam o fato de que ele passava muito tempo com pessoas de reputação duvidosa. Murmuravam: "'Este homem recebe pecadores e come com eles'" (Lucas 15.2).

Isso levou Jesus a perguntar: "'Qual de vocês que, possuindo cem ovelhas, e perdendo uma, não deixa as noventa e nove no campo e vai atrás da ovelha perdida, até encontrá-la?'" (Lucas 15.4). E acrescentou: "'Eu lhes digo que, da mesma forma, haverá mais alegria no céu por um pecador que se arrepende do que por noventa e nove justos que não precisam arrepender-se'" (Lucas 15.7).

Para deixar a questão ainda mais clara, Jesus pediu que imaginassem uma mulher com dez moedas, mas que perde uma delas: será que ela, nesse momento, "não acende uma candeia, varre a casa e procura atentamente, até encontrá-la?" (Lucas 15.8). Depois de encontrar a moeda, chama os vizinhos e os convida a se alegrar com ela por ter achado o que havia perdido. Jesus complementa: "'Eu lhes digo que, da mesma forma, há alegria na presença dos anjos de Deus por um pecador que se arrepende'" (Lucas 15.10).

Os anjos não só testemunham a confissão da alma perdida, mas também se regozijam no céu quando uma pessoa nasce de novo e é trazida à igreja do bom Pastor.

## 12. Os anjos estão envolvidos no cumprimento da profecia

Deus não se esqueceu de seu povo nem o abandonou. Em 1948, o Todo-poderoso realizou um dos maiores milagres de nossa época, restaurando Israel como nação. Foi praticamente uma notícia inacreditável quando a Organização das Nações Unidas votou em favor de restituir aos judeus sua terra natal depois de muita oposição mundial. Esse fato, no entanto, era o cumprimento direto de uma profecia (v. Amós 9.14,15; Ezequiel 37.10-14).

Deus disse: "'Não tenha medo, pois eu estou com você, do oriente trarei seus filhos e do ocidente ajuntarei você. Direi ao norte: Entregue-os! e ao sul: Não os retenha. De longe tragam os meus filhos, e dos confins da terra as minhas filhas'" (Isaías 43.5,6).

Fico surpreso toda vez que visito Israel e encontro judeus que vieram da Europa e Rússia (norte), dos países árabes orientais (leste), dos Estados Unidos (oeste) e da Etiópia (sul). O deserto, que antes era estéril, desabrocha agora como uma rosa.

Até mesmo a preservação do idioma hebraico é algo surpreendente. Pense nos milhões de imigrantes que inundaram as praias da América e, com o tempo, esqueceram-se do idioma nativo. Mas isso não aconteceu com os judeus! Eles voltaram a falar hebraico, exatamente como profetizado por Jeremias: "Assim diz o Senhor dos Exércitos, o Deus de Israel: 'Quando eu os trouxer de volta do cativeiro, o povo de Judá e de suas cidades dirá novamente: 'O Senhor a abençoe, ó morada justa, ó monte sagrado'" (Jeremias 31.23).

De acordo com as Escrituras, a criação do Estado de Israel é apenas um antegozo da reunião de todo o povo judeu, fato que acontecerá após a tribulação (Mateus 24.21). O dia surgirá no horizonte quando os anjos terão uma tarefa muitíssimo distinta de todas as outras que o mundo conheceu. Jesus falou sobre isso quando declarou que Deus "'enviará os seus anjos com grande som de trombeta, e estes reunirão os seus eleitos dos quatro ventos, de uma a outra extremidade dos céus'" (Mateus 24.31).

Muitos dos "eleitos" de Deus já migraram para Israel, mas, um dia, seres angelicais serão enviados dos céus para ir ao encontro de todo judeu na terra e trazê-lo de volta à terra prometida. Alguns podem ter perdido contato com sua herança, mas os anjos não os perderam de vista e sabem exatamente onde estão. E os eleitos serão trazidos para sua terra natal.

João viu "a Cidade Santa, a nova Jerusalém, que descia dos céus, da parte de Deus, preparada como uma noiva adornada para o seu marido" (Apocalipse 21.2). Em sua visão, a cidade brilhava como uma pedra preciosa. Tinha muros majestosos com 12 portas — e um anjo de pé em cada uma delas. Nas portas, era possível ver o nome das 12 tribos dos filhos de Israel. Além disso, os muros estavam sobre 12 fundações, e o nome dos 12 apóstolos do Cordeiro estavam inscritos nelas (Apocalipse 21.12-14).

Na segunda vinda triunfal de Cristo, os céus se abrirão, e os anjos acompanharão o Senhor de volta à terra:

- "'Pois o Filho do homem virá na glória de seu Pai, com os seus anjos, e então recompensará a cada um de acordo com o que tenha feito'" (Mateus 16.27).

- "'Quando o Filho do homem vier em sua glória, com todos os anjos, assentar-se-á em seu trono na glória celestial'" (Mateus 25.31).

- "[...] e dar alívio a vocês, que estão sendo atribulados, e a nós também. Isso acontecerá quando o Senhor Jesus for revelado lá dos céus, com os seus anjos poderosos, em meio a chamas flamejantes" (2Tessalonicenses 1.7).

Quando os anjos descerem do alto, eles separarão o joio do trigo — o justo dos pecadores: "'O Filho do homem enviará os seus anjos, e eles tirarão do seu Reino tudo o que faz tropeçar e todos os que praticam o mal. Eles os lançarão na fornalha ardente, onde haverá choro e ranger de dentes. Então os justos brilharão como o sol no Reino de seu Pai. Aquele que tem ouvidos, ouça'" (Mateus 13.41-43).

Oro para que você esteja preparado para os dias proféticos que estão por vir.

## 13. Os anjos travarão uma batalha e derrotarão Satanás

Durante a batalha final, os anjos lutarão contra as forças satânicas e obterão vitória (Apocalipse 12.7). Durante esse conflito, um anjo terá uma tarefa surpreendente:

> Vi descer dos céus um anjo que trazia na mão a chave do Abismo e uma grande corrente. Ele prendeu o dragão, a antiga serpente, que é o Diabo, Satanás, e o acorrentou por mil anos; lançou-o no Abismo, fechou-o e pôs um selo sobre ele, para assim impedi-lo de enganar as nações, até que terminassem os mil anos[...] (Apocalipse 20.1-3).

Satanás será acorrentado para que não engane as nações durante o reinado de mil anos de Cristo aqui na terra (Apocalipse 20.4,6).

Durante a tribulação, um anjo proclamará o evangelho:

> Então vi outro anjo, que voava pelo céu e tinha na mão o evangelho eterno para proclamar aos que habitam na terra, a toda nação, tribo, língua e povo. Ele disse em alta voz: "Temam a Deus e glorifiquem-no, pois chegou a hora do seu juízo. Adorem aquele que fez os céus, a terra, o mar e as fontes das águas" (Apocalipse 14.6,7).

Que estupenda cruzada será essa!

## 14. Os anjos se encontrarão com os crentes e os levarão para o céu

Não tema sua jornada para a cidade celestial. Você não estará viajando sozinho. Os anjos o acompanharão e já estão preparando uma magnífica recepção de boas-vindas.

Jesus contou a história de um homem rico que vivia com todo o luxo. À porta de sua casa, ficava um mendigo, coberto por chagas. Tudo que este desejava era comer os restos da mesa do homem rico. Seus melhores amigos eram os cães que vinham lamber suas feridas.

O Deus de amor, no entanto, viu o coração puro do homem pobre. A Bíblia relata: "'Chegou o dia em que o mendigo morreu, e os anjos o levaram para junto de Abraão'" (Lucas 16.22).

Consigo ver o homem sendo levantado e carregado por seres angelicais através das portas do céu. E nós, como filhos e filhas do Rei dos reis, podemos esperar a mesma recepção real de boas-vindas!

# PARTE II

# DEMÔNIOS

CAPÍTULO 8

# FACE A FACE COM OS DEMÔNIOS

Aconteceu em Vancouver, Colúmbia Britânica, Canadá, em 1977, apenas dois anos após eu começar a pregar o evangelho. Estava ministrando para Don Gossett, em um culto no salão de festas do Hotel Sheraton, quando um homem diante de mim, de repente, se transformou em um animal. Isso mesmo, um animal!

Jamais em minha vida imaginei que testemunharia qualquer coisa similar ao que vi naquela noite. O homem, do tamanho de um jogador de futebol americano, saiu do meio do auditório e parou bem à minha frente. Ele se transformou de um ser humano numa besta diante de meus olhos. O corpo dele estava inclinado para a frente, e sulcos apareceram em seu rosto; a seguir, ele começou a uivar.

Para ser honesto, essa transformação me deixou apavorado! O homem passou a se comportar de forma extremamente demoníaca, não apenas em seu comportamento, mas também fisicamente, em sua aparência. Ele caminhava e uivava como um animal e começou a agitar os braços com violência.

Naquele momento eu ainda estava nos primórdios de meu ministério e não sabia nada sobre expulsar demônios. Ficava feliz em pregar o evangelho, vendo pessoas sendo salvas e curadas, mas ainda não me aprofundara nos assuntos relacionados ao Diabo ou aos demônios.

A única coisa que, instintivamente, pensei em fazer foi estender os braços na direção dele e orar: "Em nome de Jesus!".

E todas as vezes que proferia essas palavras, ele ficava ereto e, a seguir, investia novamente contra mim.

O medo começou a aumentar em meu íntimo, pois vira muitos homens fortes tentando refreá-lo. Mas ele se desvencilhava de todos como se fossem apenas crianças tentando segurá-lo. Quando esses homens começaram a voar pelos ares, corri e me escondi atrás do órgão que a senhora Gossett estava tocando.

Ele seguiu-me, e foram necessários vários homens para controlá-lo. Saí daquele recinto perturbado e amedrontado. Comecei a orar: "Meu Deus, se o Senhor quiser que eu pregue novamente, é melhor me dizer o que tenho de fazer quando isso acontecer de novo!".

De imediato, comecei um estudo sério sobre o que a Bíblia tinha a dizer sobre os demônios e o que dava a eles a autoridade para agir da forma que eu testemunhara.

## Como uma serpente

Pouco tempo depois desse incidente, eu estava pregando a Fred Spring em uma reunião para executivos cristãos em Sault Ste. Marie, Ontário, Canadá. (Fred, mais tarde, tornou-se membro de nossa equipe.)

Estivera pesquisando a Palavra de Deus e aprendendo cada vez mais sobre a função dos demônios, quando, de repente, um rapaz entrou pela frente do auditório e caiu no chão. Ele não era tão grande quanto o sujeito em Vancouver.

Assim que caiu no chão, começou a deslizar como uma cobra. Quase ao mesmo tempo, marcas de mordidas começaram a aparecer nos braços desse rapaz, como se estivesse sendo mordido no interior de seu corpo. Simultaneamente, as pernas estavam retas, mas os pés moviam-se rapidamente, como a cauda de uma cobra! A cena era amedrontadora.

De repente, o rapaz ficou de pé, caminhou até o piano de cauda e o tirou do chão com uma mão, como se fosse tão leve quanto uma pena. A seguir, começou a rosnar e gritar com todos os presentes. A cena me deixou chocado, e o medo tomou conta do coração das centenas de pessoas presentes que assistiam a tudo.

Esses dois eventos fizeram que eu tomasse uma decisão: se realmente eu fosse ficar no ministério, então era melhor aprender a como lidar com pessoas atormentadas.

Comecei fazendo perguntas. De onde o Diabo era proveniente? Por que e como ele se tornou Diabo? De onde os demônios se originaram e como eles podem possuir um corpo? O que leva uma pessoa a assumir as características de um animal? O que dá à pessoa essa força tão descomunal a ponto de levantar um piano de cauda?

Ao longo dos anos, já vimos muitas demonstrações da atividade demoníaca. Por exemplo, minha equipe pode contar a você que na Jordânia vimos o corpo de um rapaz levitar em nossa plataforma da cruzada. Enquanto os demônios o levantavam, tentávamos puxá-lo para baixo. Isso continuou por alguns minutos. A seguir, ele, com uma força descomunal, começou a jogar plantas e objetos de decoração para todos os cantos.

Certamente, já vimos muitas manifestações demoníacas. Aprendemos, no entanto, que existe um poder soberano no nome de Jesus, um poder tão grande e eterno que nenhum demônio pode prevalecer diante dele. Muitos cristãos, entretanto, não sabem como usar as armas espirituais disponíveis para lutar contra o Diabo. Não gastaram tempo para descobrir o que a Bíblia diz sobre esse tema. Essa é a razão por que quero treinar e equipar você para que seja soldado de Deus nessa batalha. Você tem autoridade por intermédio do nome e sangue de Jesus.

Esta cena é possível: você entrar em um cômodo, e os demônios saírem. É isso que a Palavra de Deus declara.

## Além da escravidão

Fico surpreendido quando descubro que os cristãos conhecem muito pouco sobre demônios e demonologia. Talvez isso se deva ao fato de muitas igrejas primarem por apresentar uma mensagem agradável àquele que busca Jesus, em vez de um ministério bem equilibrado que inclua o ensinamento das profundezas da Palavra de Deus. Alguns pastores preferem pregar sobre quão bem-sucedidas ou vitoriosas as pessoas podem ser quando dotadas de uma atitude positiva e focadas apenas no lado bom da vida, em vez de falar sobre o sangue, a cruz, o céu e o inferno. Isso não é muito diferente de uma palestra motivacional com algumas pinceladas de "Deus" aqui e ali.

Meu amigo, acima de tudo, é o evangelho de Jesus, sem quaisquer adulterações, que transforma vidas. Apenas por intermédio da morte, do sepultamento e da ressurreição de Cristo é que ele nos salva de nossos pecados.

A falta de conhecimento bíblico é uma questão séria. Ela leva as pessoas a se tornar cativas de Satanás e a ser oprimidas pelos demônios. A Palavra de Deus declara "que onde está o Espírito do Senhor, ali há liberdade" (2Coríntios 3.17).

Se um homem ou uma mulher vivem em escravidão, não desfrutam da plenitude da vida cristã, conforme o plano de Deus. Jesus disse: "'Portanto, se o Filho os libertar, vocês de fato serão livres'" (João 8.36).

No livro de Atos, não lemos sobre santos comparecendo em reuniões de libertação. Por quê? Porque esses cristãos recém-convertidos aceitaram a verdade quando o Filho de Deus declarou: "'Eu lhes dei autoridade para pisarem [...] sobre todo o poder do inimigo; nada lhes fará dano'" (Lucas 10.19). Jesus não falava para o não salvo, e sim para você.

Já vi cristãos que são atormentados e oprimidos pelos demônios, mas, se Cristo estiver verdadeiramente em seu coração, você não pode ser possuído por espíritos malignos. Isso é impossível, porque a possessão significa tornar-se propriedade de alguém, e você, ao mesmo tempo, não pode pertencer a Satanás e a Cristo.

Jesus disse: "'As minhas ovelhas ouvem a minha voz'" (João 10.27). Não somos ovelhas do Diabo! "Como é feliz [abençoada, afortunada, bem-aventurada] a nação que tem o Senhor como Deus, o povo que ele escolheu para lhe pertencer!" (Salmos 33.12). Ele "nos abençoou com todas as bênçãos espirituais nas regiões celestiais em Cristo" (Efésios 1.3). Isso não soa nem um pouco a escravidão para mim.

## Satanás pode controlar você?

À medida que estuda as obras do Diabo, fique alerta — os demônios reagem. Eles disparam seus dardos para atacar seus pensamentos e confundir sua mente. Portanto, espere por isso e esteja preparado para responder em nome de Jesus.

Apenas por você ser cristão, não quer dizer que está imune aos ataques violentos de Satanás. Compreendemos perfeitamente que "a nossa luta não é contra seres humanos, mas contra os poderes e autoridades, contra os dominadores deste mundo de trevas, contra as forças espirituais do mal nas regiões celestiais" (Efésios 6.12). Satanás é "como leão, rugindo e procurando a quem possa devorar" (1Pedro 5.8).

Isso é verdade, mas também sabemos que, se estivermos andando com o Senhor, cobertos com o sangue e protegidos pelo Espírito Santo, o Diabo não pode nos tocar! Ele pode olhar através de nossa janela, mas não conseguirá entrar. Essa fronteira ele não pode transpor.

Todos nós já fomos alvos dele, mas posso dizer que o dia em que entreguei meu coração para o Senhor fiquei livre! Desde o momento em que a unção de Deus tocou minha vida, não experimentei um segundo sequer a opressão de Satanás, a depressão ou qualquer outro sentimento ligado à atuação desse ser maligno.

A Bíblia promete essa liberdade para todos os cristãos! Portanto, fico perplexo quando vejo cristãos que parecem viver sob uma nuvem escura ou em cativeiro espiritual. Não consigo deixar de me perguntar: o que está errado com o conceito de salvação dessas pessoas?

Se você perceber que pertence a essa categoria, é hora de se levantar para abraçar a Palavra de Deus. O Senhor pode resgatá-lo desse fosso e pô-lo de volta no topo da montanha, o lugar ao qual você pertence.

## Um mundo perfeito?

Enquanto consideramos a questão dos demônios, não podemos ignorar o que discutimos no capítulo 5 sobre a queda de Lúcifer.

Estabelecemos o passado pré-adâmico, sem data, quando Deus criou os céus (os três mencionados nas Escrituras) e a terra (Gênesis 1.1).

Falamos sobre tempo e espaço, mas nossa mente finita não pode compreender quando estes não existiam, mas o Todo-poderoso conhece tudo isso. Por essa razão, jamais podemos dizer que Deus era — ele é!

Quão grande é o nosso Deus! A Bíblia nos diz: "Ele é a Rocha, as suas obras são perfeitas" (Deuteronômio 32.4). Para ser mais específico: "Pois assim diz o Senhor, que criou os céus, ele é Deus; que moldou a terra e a fez, ele fundou-a; não a criou para estar vazia, mas a formou para ser habitada; ele diz: 'Eu sou o Senhor, e não há nenhum outro' " (Isaías 45.18).

Sabemos, por intermédio desses textos, que Deus tinha um propósito eterno quando criou este mundo. Era para que vivêssemos aqui. Além disso, "Ele fez tudo apropriado ao seu tempo" (Eclesiastes 3.11). Não só isso, mas também ele é "o Deus cujo caminho é perfeito" (Salmos 18.30).

Essas passagens deixam claro que a terra que Deus criou era perfeita, sem nenhuma falha, fora designada para um propósito, e era muito agradável olhar para ela. Não existem defeitos nas obras do Todo-poderoso.

Todavia, quando lemos Gênesis 1.2, descobrimos que a terra era "sem forma e vazia".

No entanto, se a Bíblia nos diz que tudo que o Senhor fez era perfeito e sem falhas, como isso foi possível?

O que estava faltando neste planeta? Por que ele estava vazio? Ele estava vazio, sem um tufo de grama, sem uma gota de água e imerso na escuridão: "trevas cobriam a face do abismo" (Gênesis 1.2). O sol não brilhava sobre este planeta.

Aprendemos, depois, que nesse lugar sinistro "o Espírito de Deus se movia sobre a face das águas" (Gênesis 1.2). Há apenas uma conclusão à qual podemos chegar. A terra era uma bola disforme de gelo — sem forma, sem beleza e sem luz.

Absolutamente nada acontece até que o Espírito se move. E isso é verdade ainda hoje. A Palavra de Deus é o resultado do trabalho do Espírito: "[...] a letra mata, mas o Espírito vivifica" (2Coríntios 3.6). E Jesus declara: "O Espírito dá vida; a carne não produz nada que se aproveite. As palavras que eu lhes disse são espírito e vida" (João 6.63).

Depois que o Espírito de Deus se moveu sobre as águas, o Senhor disse: "Haja luz" (Gênesis 1.3). Não podemos confessar a Palavra sem primeiro sermos estimulados pelo Espírito Santo.

## A TERRA RENASCE

É impossível compreender a demonologia sem entender o que aconteceu entre os versículos 1 e 2 de Gênesis 1. Essa é a razão por que enfatizei isso no capítulo 5 e estou acrescentando alguma informação aqui. Como o mundo poderia passar da perfeição para a destruição — de uma terra bela para se tornar um lugar desolado?

Quando o Criador proferiu as palavras "Que haja luz!" (Gênesis 1.3, *NTLH*), temos aí uma expressão de permissão. Isso nos revela que a luz que brilhava anteriormente (antes que o mundo ficasse imerso em trevas e vazio) voltara a brilhar.

Foram necessários muitos anos de estudo para concluir que a terra não tem 6 mil anos de idade, mas está aqui há bilhões de anos — e isso não entra em conflito com as Escrituras. Esse fato também traz para o foco a presença de demônios neste planeta.

Quando Deus começou a restaurar a terra, ela era sem forma, vazia, um espaço congelado e coberto de água por causa do julgamento do Senhor. Examinemos os fatos de acordo com as Escrituras. Em Jó, Deus fala sobre "os alicerces da terra" (Jó 38.4) e a criação dos anjos "enquanto as estrelas matutinas juntas cantavam e todos os anjos se regozijavam" (Jó 38.7). Isso aconteceu quando Deus criou a terra pela primeira vez, e ela era perfeita.

O Todo-poderoso pergunta: "Quem represou o mar pondo-lhe portas, quando ele irrompeu do ventre materno [...]?" (Jó 38.8).

Deus puniu este planeta com um dilúvio — as águas brotaram como quando uma mulher dá à luz. Esse é o cenário de um dilúvio tão maciço que as águas brotaram do interior da terra. Depois, o Senhor fez que as águas se represassem ou congelassem, para que ficassem seladas como quando uma porta está totalmente fechada.

É óbvio que isso aconteceu antes que o homem fosse criado porque, mais adiante nesse mesmo capítulo, lemos: "Quem é que abre um canal para a chuva torrencial, e um caminho para a tempestade trovejante, para fazer chover na terra em que não vive nenhum homem, no deserto onde não há ninguém [...]?" (Jó 38.25,26).

Esse não pode ser o dilúvio de Noé porque havia seres humanos zombando dele na época em que estava construindo a arca. Nessa passagem bíblica, no entanto, ele fala sobre um período quando chovia e nenhum homem existia.

## GELO?

Você pode questionar o conceito de que a terra estava congelada, mas continue lendo: "para matar a sede do deserto árido e nele fazer brotar vegetação? Acaso a chuva tem pai? Quem é o pai das gotas de orvalho? De que ventre materno vem o gelo? E quem dá à luz a geada que cai dos céus, quando as águas se tornam duras como pedra e a superfície do abismo se congela?" (Jó 38.27-30).

O dilúvio das águas transformou-se em gelo. Se examinar Gênesis 1.2, descobrirá que "trevas cobriam a face do abismo" até que o Espírito de Deus se moveu "sobre a face das águas". E depois ficamos sabendo que "a superfície do abismo se congela" (Jó 38.30).

O planeta estava tão frio e gelado que era duro como uma rocha: "as águas se tornam duras como pedra" (Jó 38.30).

As Escrituras têm muito mais a dizer com relação ao dilúvio pré-adâmico. O salmista fala a respeito de Deus que firmou "a terra sobre os seus fundamentos para que jamais se abale; com as torrentes do abismo a cobri[u], como se fossem uma veste; as águas subiram acima dos montes. Diante das tuas ameaças as águas fugiram, puseram-se em fuga ao som do teu trovão" (Salmos 104.5-7).

Na época de Noé, as águas não conheciam a repreminda de Deus — tampouco as águas puseram-se em fuga! Ao contrário, no dilúvio de Noé demorou muitos meses para a água baixar a ponto de a arca ficar sobre solo seco (Gênesis 8.3-5). O salmo 104, entretanto, fala de uma remoção abrupta das águas. A terra, de inundada, passou a congelada, uma mudança instantânea.

## Um violento tremor

Deus criou um mundo perfeito (Gênesis 1.1), e, depois, o caos surgiu (Gênesis 1.2). Mas o que levou ao julgamento de Deus? O que levou esse paraíso chamado Terra se tornar em um lugar estéril, vazio e imerso em trevas?

As Escrituras descrevem um Deus tão desgostoso que, literalmente, fez o mundo tremer: "Ele transporta montanhas sem que elas o saibam, e em sua ira as põe de cabeça para baixo. Sacode a terra e a tira do lugar, e faz suas colunas tremerem. Fala com o sol, e ele não brilha; ele veda e esconde a luz das estrelas" (Jó 9.5-7).

De acordo com a Bíblia, nada parecido com isso aconteceu desde a criação do homem e não acontecerá depois da vinda do Senhor. Nem mesmo quando Deus criar uma terra novinha em folha. Portanto, isso só pode se referir à era pré-adâmica quando havia trevas sobre a face do abismo (Gênesis 1.2). Esse foi o momento em que Deus ordenou que o sol não brilhasse e escondeu as estrelas nos céus (Jó 9.7).

Se Deus declarou "Haja luz" (Gênesis 1.3) no primeiro dia da terra recriada, e o sol ainda não brilhava, qual foi a luz original? Ela era a presença magnífica e impressionante de Deus. E sabemos disso porque em Apocalipse, quando João fala sobre o novo céu e a nova terra, afirma que a "cidade não precisa de sol nem de lua para brilharem sobre ela, pois a glória de Deus a ilumina, e o Cordeiro é a sua candeia" (Apocalipse 21.23).

Que dia estupendo será esse!

## A rotação restaurada

A presença gloriosa de Deus trouxe a luz em Gênesis 1.3. Depois, o Senhor separou a luz das trevas — e ele "chamou à luz dia, e às trevas chamou noite" (Gênesis 1.5).

Até esse ponto, a terra ainda não tinha o movimento de rotação. Não havia sol, e nosso Universo estava congelado e estático. Depois, Deus restaurou a rotação do planeta e ordenou o seguinte: "'Haja entre as águas um firmamento que separe águas de águas'" (Gênesis 1.6). O gelo derreteu de forma que a terra agora estava coberta com água e não mais congelada.

O Criador separou a atmosfera e permitiu que as águas "debaixo do céu" (Gênesis 1.9) se juntassem. Depois disso, a terra seca apareceu. Ela já existia, mas estava escondida sob o dilúvio das águas.

O fato de Deus dizer: "Cubra-se a terra de vegetação: plantas que deem sementes e árvores cujos frutos produzam sementes de acordo com as suas espécies" (Gênesis 1.11) é uma evidência de que as sementes para essas plantas já estavam ali, sendo cobertas pelo grande dilúvio.

Examinemos as palavras do profeta Jeremias: "Olhei para a terra, e ela era sem forma e vazia; para os céus, e a sua luz tinha desaparecido" (Jeremias 4.23). Esse é o retrato da terra destruída de Gênesis 1.2.

Na visão de Jeremias, ele olhou "para os montes e eles tremiam; todas as colinas oscilavam" (Jeremias 4.24). Essas palavras refletem o que foi mencionado em Jó 9. A seguir, o profeta Jeremias afirma: "Olhei, e não havia mais gente" (Jeremias 4.25). Essa é a mesma descrição que lemos em Jó 38.26. Mais uma vez, essa cena descreve a terra após o primeiro dilúvio.

O que Jeremias fala a seguir pode ser enigmático, mas é relevante: "[...] todas as aves do céu tinham fugido em revoada. Olhei, e a terra fértil era um deserto; todas as suas cidades estavam em ruínas por causa do SENHOR, por causa do fogo da sua ira" (Jeremias 4.25,26).

Isso confirma o que Deus revelou a Isaías: "Eis que o SENHOR esvazia a terra, e a desola, e transtorna a sua superfície, e dispersa os seus moradores" (Isaías 24.1, *Almeida Revista Corrigida*), o que só poderia ter acontecido antes da criação de Adão. Como a terra não será transtornada no futuro, isso tem de ter acontecido em um momento de julgamento pré-adâmico.

## Quem viveu aqui?

Esta terra fértil e fecunda torna-se um deserto desolado com sua destruição. Era um planeta invertido, de gelo. O Polo Norte se tornou no Polo Sul! Os habitantes foram dispersos para todos os recantos, tanto perto quanto longe!

Lemos que os pássaros fugiram em revoada, e as cidades foram destruídas, mas quem habitava nesta terra? E a aparência deles, qual era? Qual era o nome deles? De onde eram provenientes?

Recapitulando os fatos bíblicos, cheguei à conclusão de que esses habitantes são os demônios que estão em nosso mundo hoje. Eles se misturam a nós, não aos milhões, mas aos bilhões!

Talvez você imagine que os demônios sejam anjos alienígenas, mas, conforme aprenderemos mais tarde, esse conceito não é bem acurado. Eles são os mesmos demônios que fizeram um homem em Vancouver rosnar para mim e outro homem rastejar como cobra em Ontário. Os demônios estão perambulando por toda a terra neste exato momento, controlando a vida de inúmeras pessoas.

Eles habitam em milhões de pessoas, fazendo que o corpo delas seja sua morada. Digo com frequência que, por eles buscarem habitar em corpos, chegam até mesmo a viajar de avião sem precisar de passagem e não podem ser detectados por detectores de metal nem raios X. Eles não têm nomes, e milhares deles podem habitar em uma só pessoa. Estou firmemente convencido de que são a multidão mencionada por Isaías, aqueles por quem cidades foram destruídas (Isaías 24.1).

Os demônios são espíritos sem corpo, o que quer dizer que podem possuir um corpo em um piscar de olhos. Mais tarde, veremos como as Escrituras os descrevem de forma minuciosa.

## Buscando uma posição privilegiada

Na parte I deste livro, quando discutimos sobre Lúcifer, fizemos referência a Isaías 14, que nos relata como ele foi expulso do céu. "Como você caiu dos céus, ó estrela da manhã, filho da alvorada! Como foi atirado à terra, você, que derrubava as nações!" (Isaías 14.12). Que nações? Aquelas que existiam sob seu domínio antes de ele invadir o céu.

Examine cuidadosamente estas palavras: "Tu dizias no teu coração: Eu subirei ao céu; acima das estrelas de Deus exaltarei o meu trono e no monte da congregação me assentarei, nas extremidades do Norte; subirei acima das mais altas nuvens e serei semelhante ao Altíssimo" (Isaías 14.13,14, *Almeida Revista Atualizada*). O *monte* aqui é simbólico, representando o governo de Deus.

De onde ele subiu? Da terra.

Quando Lúcifer disse que ergueria seu trono acima das estrelas de Deus, está nos informando que ele tinha um reino e era rei, mas cobiçava uma autoridade maior que a dos anjos (as estrelas) de Deus.

É também relevante o fato de que desejava sentar-se nas extremidades do norte desse monte. Esse é um território apreciado e especial. Conforme Davi escreveu: "Grande é o Senhor, e digno de todo louvor na cidade do nosso Deus. Seu santo monte, belo e majestoso, é a alegria de toda a terra. Como as alturas do Zafom [Nota da *NVI*: *Zafom* refere-se ou a um monte sagrado ou à direção norte.] é o monte Sião, a cidade do grande Rei. Nas suas cidadelas Deus se revela como sua proteção" (Salmos 48.1-3).

Os céus estão no norte (Jó 26.7), e esse é o lugar no qual Satanás ansiava estar.

Depois de convencer aqueles na terra de que Deus era inimigo deles, um Lúcifer extremamente ciumento invadiu os céus. Um terço de todos os anjos foi tomado pela decepção e se juntou a ele. Mas as Escrituras registram como eles, por fim, foram lançados ao solo, e a ira de Deus destruiu a terra sobre a qual ele governava.

Foi exatamente isso que Jesus afirmou quando falou: "'Eu vi Satanás caindo do céu como relâmpago'" (Lucas 10.18).

## PEDRAS FULGURANTES

Lembre-se, Lúcifer era um dos três mais ilustres anjos criados de Deus. Era mais sábio que Salomão e tinha "perfeita beleza" (Ezequiel 28.12).

Ele também era o "'querubim ungido para proteger'" o trono de Deus (Ezequiel 28.14, *Almeida Revista Corrigida*). Portanto, Satanás entende o que a unção representa melhor que nós.

O Todo-poderoso entregou as tarefas de proteger o trono a Lúcifer, por ele ser arcanjo e querubim: "'para isso eu o designei'" (Ezequiel 28.14).

Em Ezequiel 1, lemos sobre um querubim literalmente pairando no lugar no qual a glória de Deus habitava. Lúcifer, como o chefe dos querubins, garantia que ninguém se aproximasse do Todo-poderoso.

Também sabemos que Lúcifer estava no jardim do Éden antes de Adão (Ezequiel 28.13). É importante entender que havia mais de um Éden. O jardim pré-adâmico que existiu há bilhões de anos era a sala do trono de Lúcifer aqui na terra. Era seu domínio.

No início do reinado de Lúcifer, suas vestes eram feitas de pedras preciosas: "sárdio, topázio e diamante, berilo, ônix e jaspe, safira, carbúnculo e esmeralda", e os engastes e guarnições eram de ouro (Ezequiel 28.13). Ele, literalmente, resplandecia enquanto caminhava.

Embora Lúcifer fosse um ser espiritual, era adornado com joias. Além disso, tinha instrumentos musicais em seu ser: "[...] a obra dos teus tambores e dos teus pífaros *estava em ti*" (Ezequiel 28.13, *Almeida Revista Atualizada*).

Ademais, Deus disse a Lúcifer, o arcanjo que ascendia aos céus: "'Você estava no monte santo de Deus e caminhava entre as pedras fulgurantes'" (Ezequiel 28.14). Esse é um paralelo com o momento em que Moisés e os anciãos "viram o Deus de Israel, sob cujos pés havia algo semelhante a um pavimento de safira, como o céu em seu esplendor" (Êxodo 24.10).

A própria visão da glória do Senhor "parecia um fogo consumidor no topo do monte" (Êxodo 24.17).

Daniel também viu o trono de Deus "envolto em fogo" (Daniel 7.9).

## SEM SABEDORIA

Portanto, Lúcifer tinha autoridade para andar para cima e para baixo em meio às pedras fulgurantes, protegendo o trono. De acordo com as Escrituras, ele era perfeito desde o dia em que foi criado "'até que se achou maldade em você'" (Ezequiel 28.15).

A transgressão de Lúcifer foi a seguinte: "'Por meio do seu amplo comércio, você encheu-se de violência e pecou'" (Ezequiel 28.16).

Sua tarefa era apresentar a lei de Deus para a terra e seus habitantes e devolver a Deus o sacrifício de louvor e de obediência da terra. Ele, com essa atitude, manchou a lei de Deus. Ele fez "comércio" de sua posição. Em essência, Lúcifer estava dizendo: "Sou Deus. Adorem-me!".

Essa foi uma rebelião contra um Deus justo e santo que disse a Lúcifer: "'Seu coração tornou-se orgulhoso por causa da sua beleza, e você corrompeu a sua sabedoria por causa do seu esplendor'" (Ezequiel 28.17).

Qualquer pessoa que acredite que o Diabo ainda é sábio, não entende o que aconteceu quando ele foi lançado fora do céu. Na verdade, ele é tolo. Conforme o apóstolo Paulo escreveu: "Ao contrário, falamos da sabedoria de Deus, do mistério que estava oculto, o qual Deus preordenou, antes do princípio das eras, para a nossa glória. Nenhum dos poderosos desta era o entendeu, pois, se o tivessem entendido, não teriam crucificado o Senhor da glória" (1Coríntios 2.7,8).

Quando o Diabo perdeu sua sabedoria, ele também abriu mão de sua autoridade e posse. E, desde essa época, ele tem sido um fracasso. Todos seus planos deram errado, e ele continua cometendo erros.

Outra acusação feita contra ele foi esta: "'você profanou os seus santuários'" (Ezequiel 28.18), o que quer dizer que ele era sacerdote. Também conhecemos Lúcifer como rei, por ele orgulhar-se: "Subirei aos céus; erguerei o meu trono acima das estrelas de Deus" (Isaías 14.13).

A vaidade por causa de sua beleza, sabedoria e perfeição o havia corrompido.

## UMA TERRA DEVASTADA

Lúcifer era responsável por entregar a Palavra de Deus aos que residiam na terra e direcionar para Deus os louvores desses habitantes. Ele deveria ser a ponte entre a terra e o céu, mas perverteu sua posse ao, por mera vaidade, guardar o louvor para si mesmo, rebelando-se contra Deus. Ele também fez falsas acusações contra o Todo-poderoso. Essa é a razão por que Satanás é chamado de "acusador" (Apocalipse 12.10).

Por causa da rebelião de Lúcifer, o Todo-poderoso declarou: "'Por isso eu o atirei à terra'" (Ezequiel 28.17). A *terra* é nosso planeta! E Deus acrescentou: "'Por isso fiz sair de você um fogo, que o consumiu, e reduzi você a cinzas no chão'" (Ezequiel 28.18).

Além disso, o Senhor lhe disse que faria isso "'à vista de todos os que estavam observando. Todas as nações que o conheciam espantaram-se ao vê-lo'" (Ezequiel 28.18,19). Em outras palavras, havia testemunhas quando Lúcifer caiu como um raio do céu. Ele já não mais estava vestido com joias nem andava com música em seu ser. Agora, banido do céu, ele perdeu a perfeição, beleza e sabedoria.

A terra sobre a qual Lúcifer governava foi dizimada. A "terra fértil" transformou-se em deserto (Jeremias 4.26). Deus disse: "'Toda esta terra ficará devastada, embora eu não vá destruí-la completamente'" (Jeremias 4.27). Isso nos revela o fato de que o Senhor restauraria a terra em um momento posterior.

O Todo-poderoso continuou: "'Por causa disso, a terra ficará de luto e o céu, em cima, se escurecerá; porque eu falei, e não me arrependi, decidi, e não voltarei atrás'" (Jeremias 4.28).

Deus, apesar de sua ira divina que destruiu a terra, já estava fazendo planos para sua restauração.

## UM NOVO REI TERRENO

Imagine Lúcifer e seu exército de anjos agora vivendo em uma terra destruída e sem forma. Eles não eram mais bem-vindos no céu.

Foi depois disso que Deus veio restaurar a terra conforme lemos no início da Bíblia, em Gênesis 1.3. Entretanto, uma vez que Satanás e seus anjos e demônios ainda estavam presentes, o Criador pôs Adão no jardim e disse-lhe: "Você agora é o novo rei!". Deus deu ao primeiro homem e mulher domínio sobre tudo que criara (Gênesis 1.26).

O Diabo, após ser expulso do céu e já não ter mais nenhuma responsabilidade, estava agora sem poder e habitava o corpo de uma serpente. Ele, arrasado e derrotado, deslizou até Eva e contou-lhe esta mentira: "'Foi isto mesmo que Deus disse: "Não comam de nenhum fruto das árvores do jardim"'" (Gênesis 3.1).

Eva contou-lhe que havia apenas uma árvore da qual não podiam comer, a árvore do conhecimento do bem e do mal. Deus instruíra Adão que eles, se tocassem ou comessem o fruto dessa árvore em particular, morreriam (Gênesis 2.17).

Satanás respondeu com o maior engodo de todos os tempos: "'Certamente não morrerão! Deus sabe que, no dia em que dele comerem, seus olhos se abrirão, e vocês, como Deus, serão conhecedores do bem e do mal'" (Gênesis 3.4,5).

O engano funcionou. Tanto Adão quanto Eva cederam à tentação e comeram da árvore por causa de seu desejo de ser sábio. Eles não perceberam que já eram como Deus, pois o Senhor os criara conforme sua imagem.

Naquele momento, o Diabo reconquistou o trono, usurpando-o de Adão, o rei terreno. O primeiro homem e a primeira mulher, em um piscar de olhos, tornaram-se escravos do antigo governante da terra. O futuro da semente do homem estava agora sob o governo de Satanás.

Pense nas consequências! Adão foi criado por Deus à imagem e à semelhança do Senhor — mais alto que os anjos. O Diabo, no entanto, assumira a autoridade.

Satanás, ao recapturar o reino de Adão, reconquistou a terra (o primeiro céu) e estabeleceu seu domínio no segundo céu, "nas regiões celestiais" (Efésios 6.12). Ele, certamente, não estava reinando ali quando o Senhor o lançou na terra.

## A PRIMEIRA MALDIÇÃO

Quando Deus estava caminhando na brisa do dia, Adão e Eva "esconderam-se da presença do SENHOR Deus entre as árvores do jardim" (Gênesis 3.8). Vivendo em pecado por terem comido o fruto proibido, eles, repentinamente, ficaram envergonhados de sua nudez. Adão culpou Eva pela desobediência deles, e ela culpou a serpente.

Em razão disso, Deus lançou uma maldição sobre Satanás, a serpente, dizendo-lhe as seguintes palavras:

> "Uma vez que você fez isso, maldita é você entre todos os rebanhos domésticos e entre todos os animais selvagens! Sobre o seu ventre você rastejará, e pó comerá todos os dias da sua vida. Porei inimizade entre você e a mulher, entre a sua descendência e o descendente dela; este lhe ferirá a cabeça, e você lhe ferirá o calcanhar" (Gênesis 3.14,15).

Nessas palavras, encontramos a promessa da redenção que viria um dia por intermédio do nascimento virginal do Filho de Deus, Jesus Cristo. O Salvador deveria nascer por meio de uma mulher (Maria), não pela semente do homem terreno.

Quando Deus contou ao Demônio que essa semente da mulher esmagaria sua cabeça, Satanás iniciou um novo plano. Ele considerou esta possibilidade: "Impedirei que a semente dela seja produzida". Qual era seu plano de ação?

Discutiremos sua trama no capítulo seguinte.

## Capítulo 9

# Os gigantes na terra

Qual foi a estratégia maléfica do Diabo?

Em Gênesis 6, descobrimos que, quando "os homens começaram a multiplicar-se na terra e lhes nasceram filhas, os filhos de Deus viram que as filhas dos homens eram bonitas, e escolheram para si aquelas que lhes agradaram" (Gênesis 6.1,2).

Os "filhos de Deus" nas Escrituras referem-se aos anjos. Isso fica evidente quando lemos: "Ora, naquele tempo havia gigantes na terra; e também depois, quando os filhos de Deus possuíram as filhas dos homens, as quais lhes deram filhos; estes foram valentes, varões de renome, na antiguidade" (Gênesis 6.4, *Almeida Revista Atualizada*).

Por mais estranho que isso possa parecer, os anjos caídos estavam tendo filhos gigantes!

Foi depois disso que Deus viu a perversidade avassaladora na terra e como os pensamentos dos homens eram continuamente maus. Foi nesse momento que "o Senhor arrependeu-se de ter feito o homem sobre a terra, e isso cortou-lhe o coração. Disse o Senhor: 'Farei desaparecer da face da terra o homem que criei, os homens e também os grandes animais e os pequenos e as aves do céu. Arrependo-me de havê-los feito'" (Gênesis 6.6,7).

O fato de que Deus disse que destruiria o homem, não a terra, é digno de nota. Lembre-se, no primeiro dilúvio a terra foi destruída; e, no segundo, o homem foi destruído.

O estratagema de Satanás para impedir que a semente da mulher desse à luz o Filho de Deus era fazer que anjos perversos dormissem com mulheres e se infiltrassem na humanidade com a combinação do humano com o angelical. Acredito que Deus enviou o segundo dilúvio em virtude de a terra ter sido contaminada pela semente dos anjos perversos.

Havia apenas um homem morando na terra que ainda carregava a semente pura de Adão: Noé. É por isso que as Escrituras registram que "Noé era homem justo, íntegro entre o povo da sua época; ele andava com Deus" (Gênesis 6.9).

Pense sobre isso! Embora a esposa e os filhos de Noé tenham recebido permissão para entrar na arca com ele, a promessa de Deus era apenas para Noé: "Mas com você estabelecerei a minha aliança" (Gênesis 6.18).

Até mesmo seus filhos foram corrompidos, porque os gigantes existiram depois do Dilúvio e continuaram na terra até o reinado do rei Davi. Golias era descendente desses gigantes.

A Bíblia também nos fala sobre "outra peleja; esta foi em Gate, onde estava um homem de grande estatura, que tinha em cada mão e em cada pé seis dedos, vinte e quatro ao todo; também este descendia dos gigantes" (2Samuel 21.20, *ARA*). Por fim, os gigantes foram erradicados da terra, e sua semente foi removida da raça humana.

### "Outra carne"

Quando falo dos anjos tendo capacidade de reprodução, você pode imaginar: "Será que isso está na Bíblia?".

De acordo com o livro de Judas, "e a anjos, os que não guardaram o seu estado original, mas abandonaram o seu próprio domicílio, ele tem guardado sob trevas, em algemas eternas, para o juízo do grande Dia; como Sodoma, e Gomorra, e as cidades circunvizinhas, que, havendo-se entregado à prostituição como aqueles, seguindo após outra carne, são postas para exemplo do fogo eterno, sofrendo punição" (Judas 6,7, *Almeida Revista Atualizada*).

Aqui, os anjos deixaram seu lugar de habitação e, repetindo o que ocorrera em Sodoma e Gomorra, foram atrás de "outra carne" (*Almeida Revista Atualizada*). Isso quer dizer que dormiram com mulheres!

As Escrituras registram: "Pois Deus não poupou os anjos que pecaram, mas os lançou no inferno, prendendo-os em abismos tenebrosos a fim de serem reservados para o juízo. Ele não poupou o mundo antigo quando trouxe o Dilúvio sobre aquele povo ímpio, mas preservou Noé, pregador da justiça, e mais sete pessoas" (2Pedro 2.4,5).

Mais uma vez, vemos a conexão entre os anjos pecando com mulheres, resultante do Dilúvio da época de Noé. Esses anjos, culpados de iniquidade, foram postos nas profundezas do mundo, debaixo da terra, no submundo, o que nos traz mais próximo desta questão: de onde os demônios são provenientes?

## OS CINCO MUNDOS ABAIXO DE NÓS

Acredito que os demônios são a raça pré-adâmica que já habitou a terra sob o comando de Lúcifer. Depois que este caiu do céu, esses demônios foram postos em um poço, onde ainda habitam hoje em dia. No entanto, antes de nos aprofundarmos nesse assunto, examinemos as profundezas do mundo, os submundos.

Há uma passagem muito familiar no Novo Testamento que contém um fato que muitas pessoas ignoram: "Por isso Deus o exaltou à mais alta posição e lhe deu o nome que está acima de todo nome, para que ao nome de Jesus se dobre todo joelho, nos céus, na terra e debaixo da terra, e toda língua confesse que Jesus Cristo é o Senhor, para a glória de Deus Pai" (Filipenses 2.9-11).

Isso fala do que, por fim, acontecerá em todos os lugares, incluindo "debaixo da terra", o submundo. Todos os seres confessarão Cristo. E isso inclui bilhões de pessoas — no céu, na terra e debaixo da terra.

Meu estudo das Escrituras levou-me a concluir que havia cinco mundos abaixo de nós. Examinemos cada um deles:

## 1. O inferno

O termo hebraico para "inferno" é *sheol*, e está mencionado em vários versículos.

"'Pois um fogo foi aceso pela minha ira, fogo que queimará até as profundezas do Sheol. Ele devorará a terra e as suas colheitas e consumirá os alicerces dos montes'" (Deuteronômio 32.22). "'No vigor da minha vida tenho que passar pelas portas da sepultura [*sheol*] e ser roubado do restante dos meus anos?'" (Isaías 38.10). "Na prosperidade gastam os seus dias e num momento descem à sepultura [*sheol*]" (Jó 21.13, *Almeida Revista Atualizada*).

O inferno é um mundo com incontáveis habitantes, e ele já existe. Aqueles sentenciados para esse lugar de tormento não ficam perambulando após a morte. Eles vão para lá instantaneamente, "num momento" (v. tb. Salmos 73.19).

## 2. O paraíso

Acredito que, hoje, esse segundo mundo faça parte do próprio inferno.

Cristo, depois de sua morte no Calvário, desceu "às profundezas da terra" (Efésios 4.7) para libertar os cativos e depois subir "acima de todos os céus, a fim de encher todas as coisas" (Efésios 4.10).

A história do homem rico e Lázaro também nos dá um vislumbre desse lugar.

Jesus compartilhou o relato de um homem rico que se vestia com roupas caríssimas e passava seus dias gastando dinheiro como se não houvesse amanhã. Entretanto, a sua porta havia um mendigo chamado Lázaro que estava coberto de feridas e que levava uma vida miserável, comendo os restos da mesa do homem rico.

Um dia, "o mendigo morreu e foi levado pelos anjos para o seio de Abraão" (Lucas 16.22, *Almeida Revista e Corrigida*). O seio de Abraão é um termo para paraíso.

Também ficamos sabendo que o homem rico morreu e foi sepultado — "'No Hades, onde estava sendo atormentado, ele olhou para cima e viu Abraão de longe, com Lázaro ao seu lado'" (Lucas 16.23).

Dois destinos distintos são mencionados aqui: paraíso (para onde foi o mendigo) e Hades ou inferno (para onde o rico foi enviado).

Nesse lugar horrível, o homem rico foi capaz de ver o outro lado porque, conforme o texto afirma, "'ele olhou para cima e viu Abraão de longe'" (Lucas 16.23). Também descobrimos que no inferno as pessoas podem falar, orar e saber o que está acontecendo com elas, pois o homem rico clamou: "'Pai Abraão, tem misericórdia de mim e manda que Lázaro molhe a ponta do dedo na água e refresque a minha língua, porque estou sofrendo muito neste fogo'" (Lucas 16.24).

Abraão lembrou a esse homem abastado que ele, durante seu tempo aqui na terra, desfrutou das boas coisas da vida, enquanto Lázaro ficou com a parte pior. No entanto, agora a situação se invertera: "'Agora, porém, ele está sendo consolado aqui e você está em sofrimento. E além disso, entre vocês e nós há um grande abismo, de forma que os que desejam passar do nosso lado para o seu, ou do seu lado para o nosso, não conseguem'" (Lucas 16.25,26).

Nesse ponto da narrativa, o homem rico implora a Abraão que envie alguém a seus cinco irmãos a fim de avisá-los de que deveriam mudar o rumo de sua vida, evitando, assim, o mesmo destino: o inferno. Abraão lhe disse: " 'Eles têm Moisés e os Profetas; que os ouçam'. 'Não, pai Abraão', disse ele, 'mas se alguém dentre os mortos fosse até eles, eles se arrependeriam'. Abraão respondeu: 'Se não ouvem a Moisés e aos Profetas, tampouco se deixarão convencer, ainda que ressuscite alguém dentre os mortos' " (Lucas 16.29-31).

Hoje, o paraíso está vazio e se tornou parte do inferno. As Escrituras dizem que "o Sheol [inferno] aumenta o seu apetite e escancara a sua boca" (Isaías 5.14).

A Bíblia nos conta que, no momento em que Jesus morreu na cruz, "o véu do santuário rasgou-se em duas partes, de alto a baixo. A terra tremeu, e as rochas se partiram" (Mateus 27.51).

Sabemos que Jesus gastou pelo menos três dias no paraíso, porque ele disse para o ladrão na cruz que o encontraria ali (Lucas 23.43).

Depois que Cristo saiu do sepulcro, todos os santos que estavam no paraíso se levantaram com ele: "Os sepulcros se abriram, e os corpos de muitos santos que tinham morrido foram ressuscitados. E, saindo dos sepulcros, depois da ressurreição de Jesus, entraram na cidade santa e apareceram a muitos" (Mateus 27.52-53). Aleluia!

Imagine a alegria e o contentamento quando inúmeros santos do Antigo Testamento ressuscitaram dos mortos para saudar suas famílias no caminho para o céu.

Naquele dia, milhões e milhões de pessoas foram levadas para fora do paraíso.

## 3. O tártaro

No versículo já mencionado, Deus expulsa os anjos que pecaram: "lançou no inferno, prendendo-os em abismos tenebrosos" (2Pedro 2.4). O termo "inferno" em grego é *tartarus*, cujo sentido é prisão.

Esses são os mesmos anjos encontrados em Judas 6,7 e aqueles aos quais Jesus pregou: "Pois também Cristo sofreu pelos pecados uma vez por todas, o justo pelos injustos, para conduzir-nos a Deus. Ele foi morto no corpo, mas vivificado pelo Espírito, no qual também foi e pregou aos espíritos em prisão que há muito tempo desobedeceram, quando Deus esperava pacientemente nos dias de Noé" (1Pedro 3.18-20). Observe a conexão com o segundo dilúvio: "enquanto a arca era construída. Nela apenas algumas pessoas, a saber, oito, foram salvas por meio da água" (1Pedro 3.20).

Como os seres vivos jamais são chamados de "espíritos" na Bíblia, apenas os homens, acredito que Jesus foi pregar para um grupo de anjos que foram desobedientes e dormiram com mulheres na época do Dilúvio — aqueles que obedeceram a Satanás em sua tentativa de impedir a vinda de Cristo à terra.

Jesus desceu ao paraíso para libertar os santos, mas foi ao tártaro para anunciar sua vitória.

## 4. O poço

A habitação dos demônios é chamada de "o poço".

Quando Jesus expulsou os demônios do gadareno, aquele homem que ninguém conseguia manter preso com correntes, os demônios imploraram ao Senhor que "não os mandasse ir para o abismo" (Lucas 8.31, *Tradução Brasileira*), ou seja, o poço.

Os demônios disseram que prefeririam ir para alguns porcos que estavam por perto. E isso é exatamente o que Jesus fez, e os animais saíram em disparada e precipitaram-se no mar, morrendo afogados.

Já me perguntaram: "Como os demônios são soltos? Como eles são liberados do Abismo, ou poço?".

Isso acontece porque o desejo das pessoas para que eles fiquem na terra os tira de lá. Hoje, milhões de demônios existem sobre a face da terra e buscam indivíduos nos quais possam habitar.

Depois do arrebatamento, chegará o dia quando a perversidade correrá tão desenfreada que praticamente todos os demônios serão liberados do poço, do Abismo. Há uma descrição desse momento em Apocalipse 9, em que um anjo recebe a chave do poço do Abismo. Assim que ele abre a porta, do meio da fumaça sai algo que se assemelha a gafanhotos (Apocalipse 9.3). Mas isso é apenas o começo. A descrição desses demônios não se parece a nada que possamos imaginar.

Esses seres semelhantes a gafanhotos:

[...] pareciam cavalos preparados para a batalha. Tinham sobre a cabeça algo como coroas de ouro, e o rosto deles parecia rosto humano. Os cabelos deles eram como os de mulher e os dentes como os de leão. Tinham couraças como couraças de ferro, e o som das suas asas era como o barulho de muitos cavalos e carruagens correndo para a batalha. Tinham caudas e ferrões como de escorpiões, e na cauda tinham poder para causar tormento aos homens durante cinco meses (Apocalipse 9.7-10).

Não sei a que os demônios se assemelhavam antes de Adão, mas, de acordo com esse relato, os demônios que vão ser liberados durante a grande tribulação serão uma mistura de animal e homem. Nesse momento, haverá tal tormento que "os homens procurarão a morte, mas não a encontrarão; desejarão morrer, mas a morte fugirá deles" (Apocalipse 9.6).

Graças a Deus, você e eu seremos arrebatados antes desse dia pavoroso.

## 5. A geena

O quinto submundo é a geena, o lago de fogo e a morada futura do anticristo, dos homens e mulheres pecadores e de todos os anjos perversos. Essa será a casa de Satanás para sempre.

A geena é descrita como o lugar do "'fogo eterno, preparado para o Diabo e os seus anjos'" (Mateus 25.41), onde "'o verme destes não morrerá, e o seu fogo não se apagará'" (Isaías 66.24).

O lago de fogo não é como a massa de água, conforme a conhecemos, mas um mundo em si mesmo. Será a morada de um número incontável de seres humanos!

Para nós, é impossível apreender quão imenso é o mundo abaixo de nós. A Bíblia nos conta que "a morte e o Hades [inferno] foram lançados no lago de fogo" (Apocalipse 20.14).

Uma coisa é certa: porque fomos redimidos pelo sangue do Cordeiro, não vamos para lá. Nossa casa é o céu, por causa da maravilhosa graça de Deus!

## Sua autoridade sobre os demônios

Quando falamos sobre anjos malignos que foram os pais dos gigantes, da atividade demoníaca e dos mundos existentes abaixo de nós, é fácil ficar com medo e essa verdade nos deixar amedrontados. Portanto, antes de nos aprofundarmos nesse estudo, quero que você saiba que, como cristão nascido de novo, você tem poder sobre o Diabo e seus demônios.

Satanás já foi chamado de leão (1Pedro 5.8), de serpente (Apocalipse 12.9) e de dragão (Apocalipse 12.13); mas Deus declara o seguinte: "Você pisará o leão e a cobra; pisoteará o leão forte [dragão] e a serpente" (Salmos 91.13).

Você pode depender disso porque Jesus, o Filho de Deus, deu-nos sua palavra e prometeu-nos isto: "'Eu lhes dei autoridade para pisarem sobre cobras e escorpiões, e sobre todo o poder do inimigo; nada lhes fará dano'" (Lucas 10.19).

Fique firme nas promessas de Deus: "'Mas para vocês que reverenciam o meu nome, o sol da justiça se levantará trazendo cura em suas asas. E vocês sairão e [...] esmagarão os ímpios, que serão como pó sob as solas dos seus pés, no dia em que eu agir'" (Malaquias 4.2,3).

A chave para a sua vitória encontra-se nestas seis palavras do início da passagem bíblica: "[...] vocês que reverenciam o meu nome". Se você reverencia, respeita e teme a Deus, jamais terá de se preocupar com o Diabo.

A compreensão de quem você é em Cristo dá a você autoridade para mandar Satanás voar (Marcos 16.17). E lembre-se: "aquele que está em vocês é maior do que aquele que está no mundo" (1João 4.4).

É hora de mandar o Diabo arrumar as malas e sair de sua vida!

## Capítulo 10

# Cuidado com o grande impostor

Em seu estudo sobre demônios e libertação, sempre fique dentro das fronteiras da Bíblia e atento para que as Escrituras sejam sua fonte de referência — nada além disso. Mesmo que seja um *best-seller* de sucesso, não fique tentado a ler um livro escrito por um descrente que trate de espíritos.

Somos ordenados por Deus a não dar "lugar ao Diabo" (Efésios 4.27). Embora precisemos do conhecimento da Palavra de Deus para saber de onde vem Satanás e como ele opera, não podemos simplesmente dar a ele acesso à nossa vida.

Apesar de os seguidores de Cristo gostarem de citar esta passagem: "Resistam ao Diabo, e ele fugirá de vocês" (Tiago 4.7), muitos não têm segurança sobre como fazer isso. A primeira parte desse mesmo versículo, no entanto, relata-nos exatamente o que temos de fazer: "Portanto, submetam-se a Deus" (Tiago 4.7).

Não amedrontamos o Diabo ao simplesmente gritar: "Eu resisto a você. Resisto a você!". Opomo-nos a sua influência ao submeter totalmente nossa vida ao Senhor e à autoridade dele. Portanto, em vez de perder tempo procurando pelo inimigo, volte seu coração, sua mente e sua alma para Deus e descanse em sua proteção.

À medida que você lê o Novo Testamento, não verá Jesus nem os apóstolos procurando por Satanás atrás de qualquer rocha, mas, quando ele levantava sua cabeça horrenda, eles certamente sabiam como resistir a ele.

Hoje, resistimos ao inimigo ao exercitar nossa fé:

> Estejam alertas e vigiem. O Diabo, o inimigo de vocês, anda ao redor como leão, rugindo e procurando a quem possa devorar. Resistam-lhe, permanecendo firmes na fé, sabendo que os irmãos que vocês têm em todo o mundo estão passando pelos mesmos sofrimentos (1Pedro 5.8,9).

O Diabo fica à espreita dos homens e das mulheres espiritualmente anêmicos — os que não se submetem ao Senhor, não têm fé nem confiam em Deus. Essa é razão por que você tem de fortalecer sua fé todos os dias.

## Você é o guardião

Oro para que você faça uma aliança com Deus de que, de forma consciente, não se associará a nenhuma parte do reino de Satanás. Isso inclui não ler ficção nem assistir a filmes que contenham temas de bruxaria, magia e assuntos relacionadas à Nova Era.

Temos de assumir com seriedade nosso papel de pais, incluindo a análise dos desenhos a que as crianças assistem. O que aparenta ser inofensivo pode acabar por expô-las a um submundo que deve ser evitado. Certos vídeos podem ser divertidos, mas as crianças e os jovens podem rapidamente se surpreender desempenhando esse papel ou fingindo que são essas personagens ligadas ao ocultismo. Algumas músicas apresentam o mesmo tipo de artifício. Já fui convidado a comparecer em casas de cristãos nas quais símbolos satânicos decoravam a capa de alguns CDs que os adolescentes ouviam.

Por que abrir a porta e permitir a entrada do Diabo?

Anos atrás, havia uma mulher que encontrou Cristo em uma igreja que eu pastoreava na Flórida. Ela era inteligente, extrovertida, além de ser mãe casada. Às sextas-feiras à noite, no entanto, gostava de assistir a filmes de terror, aqueles que passam da meia-noite em diante, com histórias sobre bruxas e demônios.

Não demorou muito até que os pensamentos demoníacos começassem a atacar a mente dessa mulher, e ela se tornou uma das pessoas mais miseráveis e oprimidas que já vi.

Você, mesmo sendo uma pessoa de Deus, quando flerta com o Diabo, está brincando com fogo. Ele não procura um amigo, mas um homem ou uma mulher "a quem possa devorar" (1Pedro 5.8). Essas palavras não foram escritas para os descrentes, mas como um alerta para os cristãos! O Diabo não sai para destruir sua própria família; o objetivo dele é devorar os filhos de Deus.

Essa é razão por que Satanás é mestre em uma mídia infiltrada, sempre tentando entrar no pensamento dos cristãos fracos com materiais cuja aparência é bastante inocente, mas que contêm uma mensagem mortal.

## MANTENHA OS DEMÔNIOS FORA!

Nasci e fui criado em uma parte do mundo na qual há muita atividade demoníaca.

Quando éramos crianças, antes de eu me converter a Cristo, as pessoas que liam o futuro com frequência paravam em nossa casa para ler a palma de nossa mão, as folhas de chá ou qualquer outra coisa. Nossa família aceitava isso como parte normal de nossa cultura.

Recentemente, estava falando para um grupo de cristãos do Egito, e eles compartilharam comigo que, em uma área do Cairo, a atividade demoníaca é tão predominante que eles, de fato, viam garrafas de refrigerante ser levantadas das ruas e flutuar no ar!

Mesmo que você não esteja pessoalmente envolvido com pessoas que estão envolvidas com atividades demoníacas, se permitir que objetos relacionados com o ocultismo entrem em sua casa, estes trarão os demônios com eles. Os demônios podem estar ligados a objetos de arte, livros e quaisquer outros objetos. Até mesmo uma pintura pendurada na sua parede pode conter elementos associados ao mundo com o qual não quer nenhum contato.

Falo para os cristãos que, quando compram uma casa em que outra pessoa já viveu, devem separar um tempo para andar por todos os cômodos da casa e aplicar o sangue de Jesus, quer o inimigo tenha estado ali quer não.

Os demônios amam voltar ao lugar em que já viveram. Conforme Jesus nos diz:

"Quando um espírito imundo sai de um homem, passa por lugares áridos procurando descanso. Como não o encontra, diz: 'Voltarei para a casa de onde saí'. Chegando, encontra a casa desocupada, varrida e em ordem. Então vai e traz consigo outros sete espíritos piores do que ele, e, entrando, passam a viver ali. E o estado final daquele homem torna-se pior do que o primeiro. Assim acontecerá a esta geração perversa" (Mateus 12.43,45).

O Senhor está nos advertindo de não deixar nossa vida desprotegida em relação às forças malignas. Precisamos deixar nossa casa muito limpa e convidar Jesus para habitar permanentemente nela.

## EVITE A IRA DE DEUS

Em preparação para o longo e esperado dia quando os filhos de Israel entrariam na terra prometida, Deus deu sua palavra severa de aviso:

"Se vocês ouvirem dizer que numa das cidades que o Senhor, o seu Deus, lhes dá para nelas morarem, surgiram homens perversos e desviaram os seus habitantes, dizendo: 'Vamos adorar outros deuses!', deuses que vocês não conhecem, vocês deverão verificar e investigar. Se for verdade e ficar comprovado que se praticou esse ato detestável entre vocês, matem ao fio da espada todos os que viverem naquela cidade. Destruam totalmente a cidade, matando tanto os seus habitantes quanto os seus animais. Ajuntem todos os despojos no meio da praça pública e queimem totalmente a cidade e todos os seus despojos, como oferta ao Senhor, o seu Deus. Fique ela em ruínas para sempre, e nunca mais seja reconstruída. Não seja encontrado em suas mãos nada do que foi destinado à destruição, para que o Senhor se afaste do fogo da sua ira. Ele terá misericórdia e compaixão de vocês, e os fará multiplicar-se, conforme prometeu sob juramento aos seus antepassados, somente se obedecerem ao Senhor, o seu Deus, guardando todos os seus mandamentos, que lhes estou dando, e fazendo o que é justo para ele" (Deuteronômio 13.12-18).

O Todo-poderoso não pediu que destruíssemos tudo que fosse amaldiçoado, mas exigiu: "'Não seja encontrado em suas mãos nada do que foi destinado à destruição'" (Deuteronômio 13.17). Temos de ficar totalmente separados e livres de quaisquer objetos ou práticas ultrajantes para Deus.

Isso quer dizer que temos de ficar totalmente livres das pessoas que praticam qualquer forma de feitiçaria. Nem mesmo tome uma xícara de café com elas. De acordo com as Escrituras: "'Não recorram aos médiuns, nem busquem a quem consulta espíritos, pois vocês serão contaminados por eles. Eu sou o SENHOR, o Deus de vocês'" (Levítico 19.31). Observe como seu Pai celestial põe sua assinatura no final do versículo a fim de selar essa ordem.

A menos que queira que a ira de Deus caia sobre você, mantenha distância das obras do Diabo. O Senhor nos alerta: "'Voltarei o meu rosto contra quem consulta espíritos e contra quem procurar médiuns para segui-los, prostituindo-se com eles. Eu o eliminarei do meio do seu povo'" (Levítico 20.6).

A obediência às diretrizes de Deus é vital para sua proteção e segurança como cristão.

## SENDO IRREPREENSÍVEL AOS OLHOS DE DEUS

O Senhor, vez após vez, alertou de antemão os filhos de Israel de que, quando entrassem em sua nova terra, não deveriam seguir as abominações dos habitantes. Em especial:

> "Não permitam que se ache alguém entre vocês que queime em sacrifício o seu filho ou a sua filha; que pratique adivinhação, ou se dedique à magia, ou faça presságios, ou pratique feitiçaria ou faça encantamentos; que seja médium, consulte os espíritos ou consulte os mortos" (Deuteronômio 18.10,11).

A expressão "queimem em sacrifício" refere-se à prática do sacrifício de crianças a fim de apaziguar um deus pagão, mas também se aplica a queimar incenso acreditando que eles espantarão os demônios.

Deus também nos concita a manter distância daqueles que usam horóscopos (os que observam os tempos), dão passes (os encantadores) ou buscam respostas dos mortos (os necromantes).

Temos de ser irrepreensíveis aos olhos do Senhor.

## Nunca toque no que é amaldiçoado

Tenha consciência de que há consequências por tocar no que é amaldiçoado. Pense no que aconteceu durante o tempo de Josué depois de sua grande vitória na batalha de Jericó.

Os filhos de Israel ficaram motivados, prontos para possuir a terra. A cidade seguinte a ser conquistada era Ai. Aqueles que foram espionar o território retornaram com a notícia: "'Não é preciso que todos avancem contra Ai. Envie uns dois ou três mil homens para atacá-la. Não canse todo o exército, pois eles são poucos'" (Josué 7.3).

Entretanto, quando o exército alcançou as portas da cidade, os homens de Ai estavam prontos e esperando pelo ataque com uma emboscada. Trinta e cinco dos homens de Josué foram mortos, e o restante fugiu derrotado (Josué 7.5). Isso representou um enorme fiasco depois da conquista bem-sucedida de Jericó, na qual não perderam um homem sequer.

Josué, angustiado, rasgou suas vestes, prostrou-se no chão diante da arca do Senhor e clamou: "'Ah, Soberano Senhor, por que fizeste este povo atravessar o Jordão? Foi para nos entregar nas mãos dos amorreus e nos destruir?'" (Josué 7.7).

Deus não atenuou suas palavras quando contou para Josué o que ocorrera de fato e qual era o problema: "'Levante-se! Por que você está aí prostrado? Israel pecou. Violou a aliança que eu lhe ordenei. Apossou-se de coisas consagradas, roubou-as, escondeu-as e as colocou junto de seus bens'" (Josué 7.10,11).

Eles conheciam as regras divinas. Anteriormente, Deus avisara que, se qualquer homem pegasse algum item amaldiçoado de Jericó, todo o povo de Israel sofreria (Josué 6.18). Eles, no entanto, não ouviram as palavras do Senhor.

Deus disse que daria as costas para Israel, a menos que destruíssem aqueles objetos amaldiçoados e roubados. Portanto, na manhã seguinte, Josué chamou o povo para que se reunisse diante dele, tribo por tribo.

Por fim, separou um homem chamado Acã, da tribo de Judá, que confessou: "'É verdade que pequei contra o S‍ENHOR, o Deus de Israel'" (Josué 7.20), admitindo que cobiçara e saqueara, "'uma bela capa feita na Babilônia, dois quilos e quatrocentos gramas de prata e uma barra de ouro de seiscentos gramas'" (Josué 7.21), escondendo-os em sua tenda.

Evidentemente, esses itens continham figuras ou arte que representavam o Diabo, e Deus chamou esses objetos de amaldiçoados. Só depois que Acã, sua família e todas as posses deles foram apresentados diante do povo e destruídos é que a vitória retornou para o campo de Israel.

Que lição tremenda para aqueles que são tentados a tocar em coisas e objetos do Diabo!

## O QUE VOCÊ DEVERIA SABER SOBRE O DIABO

A fim de permanecer firme e resistir ao grande enganador, precisamos aprender tudo que pudermos sobre sua origem, planos, personalidade e propósito. A que ele se assemelha? E o que ele faz?

Eis 20 fatos que você precisa saber sobre Satanás:

### 1. O ser espiritual que se transformou no Diabo foi criado por Deus

Temos sempre de nos lembrar de que tudo criado pelo Todo-poderoso era perfeição pura, e isso inclui o ser espiritual hoje designado Diabo. Antes de Lúcifer ser expulso do céu, Deus disse a ele: "'Você era o modelo da perfeição, cheio de sabedoria e de perfeita beleza'" (Ezequiel 28.12).

Paulo mais tarde escreveu: "pois nele foram criadas todas as coisas nos céus e na terra, as visíveis e as invisíveis, sejam tronos ou soberanias, poderes ou autoridades; todas as coisas foram criadas por ele e para ele" (Colossenses 1.16).

## 2. Esse ser espiritual foi o primeiro governante da terra

Isso mesmo, Lúcifer foi banido do céu, mas muito tempo antes desse fato ele governava o Planeta. A terra era seu reino. Em Isaías, o Diabo vangloriou-se: "'Subirei aos céus; erguerei o meu trono acima das estrelas de Deus; eu me assentarei no monte da assembleia, no ponto mais elevado do monte santo'" (Isaías 14.13).

## 3. O Diabo foi visto em corpo físico

A maioria das pessoas tem uma imagem mental do Diabo de que ele tem chifres e cauda e segura um tridente. Acho que já vimos muitas fantasias assim na festa do Dia das Bruxas, o Halloween! Está registrado que, quando o Diabo apareceu no monte da Tentação, ele andou e conversou com Jesus (Mateus 4.1-11).

Na revelação de João, ele viu um anjo agarrar o Diabo e amarrar seu corpo com correntes (Apocalipse 20.1-3).

## 4. O Diabo tem coração

Fundamentados na Palavra de Deus, sabemos que Satanás tem um "homem interior" que sente emoções e toma decisões. Ao descrever a determinação para desafiar o Todo-poderoso, lemos: "'Você, que dizia no seu coração: "[...] erguerei o meu trono acima das estrelas de Deus"'" (Isaías 14.13). Ele queria ser como o Todo-poderoso.

## 5. O Diabo é muito orgulhoso

Tem-se afirmado que o orgulho precede a queda, e isso certamente é verdade no caso de Lúcifer. As Escrituras relatam vividamente a admiração por si mesmo e arrogância do Diabo: "Seu coração tornou-se orgulhoso por causa da sua beleza, e você corrompeu a sua sabedoria por causa do seu esplendor" (Ezequiel 28.17).

## 6. O Diabo consegue falar

Antes de a fé de Jó ser testada, Satanás aproximou-se de Deus, que lhe fez a seguinte pergunta: "'Reparou em meu servo Jó? Não há ninguém na terra como ele, irrepreensível, íntegro, homem que teme a Deus e evita o mal'" (Jó 1.8).

Satanás respondeu ao Senhor: "'Será que Jó não tem razões para temer a Deus? [...]. Acaso não puseste uma cerca em volta dele, da família dele e de tudo o que ele possui?'" (Jó 1.9,10).

Deus, todavia, teve a palavra final, e Satanás viu-se obrigado a sair da presença do Senhor.

No Novo Testamento, o Diabo tentou Jesus: "'Se és o Filho de Deus, manda que estas pedras se transformem em pães'" (Mateus 4.3).

## 7. O Diabo tem poder

O poder do mal ficará evidente no anticristo, pois a "vinda desse perverso é segundo a ação de Satanás, com todo o poder, com sinais e com maravilhas enganadoras" (2Tessalonicenses 2.9). Também sabemos que na batalha final das eras, João viu a besta levantar-se, e o "dragão [Satanás] deu à besta o seu poder [...] e grande autoridade" (Apocalipse 13.2).

## 8. O Diabo tem desejos

O inimigo de nossa alma tem sede por determinados objetivos e os almeja. Na última ceia, Jesus disse a Pedro: "'Simão, Simão, Satanás pediu vocês para peneirá-los como trigo'" (Lucas 22.31).
Nada mudou ao longo dos séculos. O Maligno ainda continua rondando nossa vida!

## 9. O Diabo tem um lugar onde morar

Jesus disse à igreja de Pérgamo: "'Sei onde você vive — onde está o trono de Satanás. Contudo, você permanece fiel ao meu nome e não renunciou à sua fé em mim, nem mesmo quando Antipas, minha fiel testemunha, foi morto nessa cidade, onde Satanás habita'" (Apocalipse 2.13).
Uma vez que a autoridade primeira do inimigo é encontrar moradia em seu coração, assuma a ofensiva e construa uma forte barreira espiritual.

## 10. O Diabo governa e controla a terra

Efésios 2.2 diz que o Diabo é "o príncipe do poder do ar". Como tal, dissemina sua rebelião e maldade em todos os cantos habitados pela humanidade, incluindo a vida familiar, profissional, social, política e, até mesmo, a religiosa.

## 11. O Diabo tem um reino

Neste exato momento, Satanás ainda é um rei que governa sobre esse reino.
Durante os primeiros dias do ministério terreno de Jesus, os líderes religiosos o acusaram de usar o poder do Diabo

para expulsar demônios. Mas Jesus respondeu a eles com uma pergunta instigadora: "'Como pode Satanás expulsar Satanás? Se um reino estiver dividido contra si mesmo, não poderá subsistir'" (Marcos 3.23,24).

## 12. O Diabo é hoje um líder religioso

Talvez isso seja algo inesperado para você, mas Satanás exerce liderança espiritual na terra. As Escrituras descrevem como ele "se disfarça de anjo de luz. Portanto, não é surpresa que os seus servos finjam que são servos da justiça" (2Coríntios 11.14,15).

Existe uma clara distinção entre ser religioso e ser um filho de Deus nascido de novo.

## 13. O Diabo é um enganador

Nos primórdios, quando Satanás conversou com Eva sobre a proibição de comer da árvore do conhecimento do bem e do mal, proferiu estas palavras: "'Certamente não morrerão!'" (Gênesis 3.4), e toda palavra que saiu de sua boca nesse momento e depois disso foi e é falsa. "'Vocês pertencem ao pai de vocês, o Diabo, e querem realizar o desejo dele. Ele foi homicida desde o princípio e não se apegou à verdade, pois não há verdade nele. Quando mente, fala a sua própria língua, pois é mentiroso e pai da mentira'" (João 8.44).

Podemos comprovar isso de Gênesis a Apocalipse: "Ele é a antiga serpente chamada Diabo ou Satanás, que engana o mundo todo" (Apocalipse 12.9)

## 14. O Diabo nos tenta

Quando o Senhor Jesus nos ensinou a orar, ele incluiu as seguintes palavras: "'E não nos deixes cair em tentação, mas livra-nos do mal'" (Mateus 6.13).

Ele, mais que todos nós, sabe muito bem como Satanás é talentoso em suas tentativas de nos ludibriar. Ele foi levado "ao deserto, para ser tentado pelo Diabo" (Mateus 4.1).

## 15. O Diabo induz o homem a pecar

Lemos nas Escrituras: "Satanás levantou-se contra Israel e levou Davi a fazer um recenseamento do povo" (1Crônicas 21.1). O uso do recenseamento em lugar da confiança no Todo-poderoso era algo totalmente contrário ao desejo do Senhor. Essa é a razão por que Davi confessou a Deus: "'Pequei gravemente com o que fiz. Agora eu te imploro que perdoes o pecado do teu servo, porque cometi uma grande loucura!'" (1Crônicas 21.8).

## 16. O Diabo se unirá ao homem contra Deus

Se Satanás encontrar um homem ou uma mulher que está em conflito com o Senhor, ele juntará forças com esse indivíduo. Logo antes de Jesus celebrar a última ceia com seus discípulos, "Satanás entrou em Judas" (Lucas 22.3). Esse foi o início da grande traição.

## 17. O Diabo envia mensageiros para lutar contra os santos e derrotá-los

O apóstolo Paulo escreveu aos cristãos de Corinto: "Para impedir que eu me exaltasse por causa da grandeza dessas revelações, foi-me dado um espinho na carne, um mensageiro de Satanás, para me atormentar" (2Coríntios 12.7).
O propósito de Satanás era derrotar esse eficaz missionário e evangelista, e esse ser maligno ainda designa seus agentes perversos para assolar os cristãos.

## 18. O Diabo se opõe ao evangelho e procura obstruir sua propagação

Paulo disse a um homem possuído por demônios: "'Filho do Diabo e inimigo de tudo o que é justo! Você está cheio de toda espécie de engano e maldade. Quando é que vai parar de perverter os retos caminhos do Senhor?'" (Atos 13.10).

Um dos objetivos adicionais de Satanás é roubar a Palavra daqueles que ouviram o evangelho. Jesus explicou: "'Quando alguém ouve a mensagem do Reino e não a entende, o Maligno vem e lhe arranca o que foi semeado em seu coração'" (Mateus 13.19).

## 19. O Diabo prepara armadilhas para os homens

Satanás cria constantemente novas formas para nos fazer cair em suas armadilhas. A Bíblia ensina que um líder cristão deve "ter boa reputação perante os de fora, para que não caia em descrédito nem na cilada do Diabo" (1Timóteo 3.7).

O objetivo de Satanás é roubar, matar e destruir, mas Cristo veio para nos dar "'vida, e [...] plenamente'" (João 10.10). Aleluia!

## 20. O Diabo, por fim, será derrotado

Enquanto estamos na terra, temos de lidar com o adversário persistente que saiu para guerrear contra os santos, mas, por favor, não fique desencorajado. Fico feliz em relatar sobre o dia vindouro em que o "Diabo, que as enganava, foi lançado no lago de fogo que arde com enxofre, onde já haviam sido lançados a besta e o falso profeta. Eles serão atormentados dia e noite, para todo o sempre" (Apocalipse 20.10).

Isso me dá vontade de berrar de alegria!

# Capítulo 11

# Os 12 espíritos

Se você estudar os ministérios dos homens e mulheres usados poderosamente por Deus, como Smith Wigglesworth, William Branham e Kathryin Kuhlman, descobrirá que estavam muitíssimo conscientes da ação dos espíritos demoníacos que se levantavam contra o trabalho deles.

As pessoas, na maioria das vezes, vê a dificuldade que enfrentam como um problema natural, sem tomar conhecimento dos ataques do Diabo. Como resultado dessa atitude, continuam presas ao inimigo.

Acredito que, sem dúvida alguma, há muito mais espíritos ativos neste mundo do que temos consciência. Permita-me compartilhar o que a Bíblia diz sobre os 12 principais espíritos do mundo satânico, os chamados "homens fortes".

No final deste capítulo, mostrarei a você especificamente como sobrepujá-los.

## Homem forte número 1: o espírito de ciúme

Os psicólogos são rápidos em nos dizer que o ciúme é uma emoção humana natural, mas, se você examinar as Escrituras, descobrirá que, na maioria dos casos, ele é a manifestação de um demônio.

Durante a jornada dos filhos de Israel pelo deserto, o Senhor falou a Moisés e pediu-lhe que dissesse a seu povo o que deveria fazer se a esposa de um homem fosse infiel a ele: "'se o marido dela tiver ciúmes e suspeitar de sua mulher, esteja ela pura ou impura, ele a levará ao sacerdote'" (Números 5.14,15).

Mesmo que ela esteja pura, o marido é ciumento, a mesma regra se aplica.

Há dois casos aqui para saber se a mulher cometeu adultério ou não, mas, se o homem permite que o espírito de ciúme se aposse dele, o resultado é o mesmo. O espírito de ciúme também se manifesta por intermédio de outros espíritos demoníacos, como o espírito de suspeita, raiva, ódio, vingança e, até mesmo, assassinato.

Em Provérbios 6.34,35 se confirma que o espírito de ciúme traz consigo a manifestação de outros espíritos: "pois o ciúme desperta a fúria do marido, que não terá misericórdia quando se vingar. Não aceitará nenhuma compensação; os melhores presentes não o acalmarão". A pessoa com o espírito de ciúme não têm paz nem alegria.

Para se opor a esse espírito, não o chame equivocadamente de ódio ou raiva. Dê a ele o nome correto — ciúme. Algumas vezes, somos como boxeadores, pulando de um lado para o outro, sem saber o que estamos esmurrando. Precisamos ser como o apóstolo Paulo, que disse: "Sendo assim, não corro como quem corre sem alvo, e não luto como quem esmurra o ar" (1Coríntios 9.26).

Quando você, com ousadia, expulsar o espírito de ciúme, está libertando outras pessoas de tudo que acompanha esse espírito.

## Homem forte número 2: o espírito mentiroso

Isso não tem nada que ver com a criança que conta uma mentirinha para os pais por medo ou em razão de alguma outra forma de pressão. Essa mentira é apenas fraqueza humana, não o espírito mentiroso. Nem todo mundo que mente tem um demônio, pois, se esse fosse o caso, todas as crianças seriam possuídas por demônios.

O espírito mentiroso que estamos discutindo aqui sempre opera em conjunto com a religião.

Um exemplo pode ser encontrado no Antigo Testamento, quando Acabe (o rei de Israel) pediu a Josafá (rei de Judá) a se juntar a ele para que lutassem contra os exércitos de Ramote-Gileade. Josafá concordou, mas havia uma exigência. Ele disse a Acabe: "'Peço-te que busques primeiro o conselho do Senhor'" (2Crônicas 18.4).

Acabe, portanto, reuniu 400 profetas e perguntou-lhes se deveria entrar nessa guerra. Todos deram sua entusiástica aprovação. Josafá, contudo, persistiu: "'Não existe aqui mais nenhum profeta do Senhor, a quem possamos consultar?'" (2Crônicas 18.6).

Acabe admitiu que havia um profeta chamado Micaías, mas complementou: "'[...] porém eu o odeio, porque nunca profetiza coisas boas a meu respeito, mas sempre coisas ruins'" (2Crônicas 18.7). Os mensageiros de Acabe chamaram Micaías e o encorajaram a ser como o restante dos profetas que anunciaram que os reinos de Israel e de Judá sairiam vitoriosos nessa batalha. No entanto, quando Micaías ficou diante dos dois reis, ele disse: "'Juro pelo nome do Senhor que direi o que o meu Deus mandar'" (2Crônicas 18.13).

Com relação à batalha prestes a ser travada, Micaías viu Israel espalhado pelas montanhas como ovelhas sem pastor. A seguir, o profeta declarou:

> "Ouçam a palavra do Senhor: Vi o Senhor assentado em seu trono, com todo o exército dos céus à sua direita e à sua esquerda. E o Senhor disse: 'Quem enganará Acabe, rei de Israel, para que ataque Ramote-Gileade e morra lá?' E um sugeria uma coisa, outro sugeria outra, até que, finalmente, um espírito colocou-se diante do Senhor e disse: 'Eu o enganarei'. 'De que maneira?', perguntou o Senhor. Ele respondeu: 'Irei e serei um espírito mentiroso na boca de todos os profetas do rei'. Disse o Senhor: 'Você conseguirá

enganá-lo; vá e engane-o'. E o Senhor pôs um espírito mentiroso na boca destes seus profetas. O Senhor decretou a sua desgraça" (2Crônicas 18.18-22).

Como a história terminou? Acabe acreditou no espírito da mentira, e acabou sendo morto na batalha.

Esse espírito demoníaco manifesta-se também como espírito de adultério, espírito de profanação e espírito de vaidade. Jeremias escreveu: "'E entre os profetas de Jerusalém vi algo horrível: eles cometem adultério e vivem uma mentira. Encorajam os que praticam o mal, para que nenhum deles se converta de sua impiedade'" (Jeremias 23.14). Observe bem que eles são homens religiosos.

Deus diz que há uma maldição sobre essas pessoas: "'Eu os farei comer comida amarga e beber água envenenada, porque dos profetas de Jerusalém a impiedade se espalhou por toda esta terra'" (Jeremias 23.15).

Esse espírito religioso produz vaidade. "'Não ouçam o que os profetas estão profetizando para vocês; eles os enchem de falsas esperanças. Falam de visões inventadas por eles mesmos, e que não vêm da boca do Senhor'" (Jeremias 23.16).

O espírito mentiroso é também um espírito supersticioso: "Pois não haverá mais visões falsas ou adivinhações bajuladoras entre o povo de Israel" (Ezequiel 12.24). Esse texto fala das pessoas que são ligadas aos "sinais" e à superstição. A Bíblia diz que devemos manter-nos distantes de tais indivíduos.

## Homem forte número 3: o espírito familiar

O rei Saul, certa vez, disse a seus servos: "Buscai-me uma mulher que consulte a um espírito familiar, para que eu vá consultá-la. Responderam-lhe os seus servos: Há em En-Dor uma mulher que consulta espírito familiar". (1Samuel 28.7, *Tradução Brasileira*).

Saul, ao perguntar sobre uma mulher que consultava espíritos, separou-se de Deus, e logo foi morto em batalha.

Buscar respostas com um "espírito familiar" é proibido pelo Senhor (Deuteronômio 18.10-12). Ao estudar esse espírito na Bíblia, você descobrirá que ele também se manifesta como os espíritos da astrologia, dos horóscopos, da previsão do futuro e do ocultismo. Conforme discutimos no capítulo 10, não se misture nem tenha contato com nada disso.

## Homem forte número 4: o espírito de perversão

Jamais se esqueça de que um demônio se esconde sob diversos nomes. Portanto, a fim de expulsar um demônio, você tem de se dirigir claramente a ele. Um espírito sem nome é um espírito escondido. Você encontra o nome do espírito ao discernir as características do espírito com o qual está lidando.

Há ministros hoje em dia que não sabem o que fazer com pessoas possuídas! É porque não conseguem discernir o homem forte por trás de toda essa atividade.

Quando Jesus confrontou o gadareno endemoninhado, perguntou ao demônio: "'Qual é o seu nome?'" (Lucas 8.30).

A perversão não diz respeito apenas à fornicação; ela também tem que ver com o espírito do erro. Leia o que Isaías profetizou com relação à nação do Egito: "O Senhor derramou dentro deles um espírito que os deixou desorientados; eles levam o Egito a cambalear em tudo quanto faz, como cambaleia o bêbado em volta do seu vômito. Não há nada que o Egito possa fazer, nada que a cabeça ou a cauda, a palma ou o junco possam fazer" (Isaías 19.14,15).

Esse espírito de perversão levou toda uma nação a viver no erro. Com base nas palavras "Não há nada que [...] possam fazer" (Isaías 19.14,15), descobrimos que ele traz a preguiça. Nem toda preguiça é demoníaca, mas há pessoas que jamais desejam trabalhar; preferem ser alimentadas a alimentar. Esse espírito precisa ser quebrado!

O espírito de perversão odeia Deus. As Escrituras afirmam: "Quem anda direito teme o Senhor, mas quem segue caminhos enganosos o despreza" (Provérbios 14.2). Que diferença existe entre um homem que é justo e um que não o é! Um teme a Deus; o outro odeia o Senhor.

Esse espírito também se manifesta nos homens que cobiçam as mulheres. Lemos: "Seus olhos verão coisas estranhas, e sua mente imaginará coisas distorcidas" (Provérbios 23.33). Um homem que nunca desvia os olhos de uma mulher tem o espírito de perversão. Portanto, se você disser: "Diabo, saia daí", nada acontece. Você, no entanto, tem de declarar: "Espírito de perversão, eu expulso você!".

Existe esse espírito de perversão por trás de todos os que continuamente falam coisas que não são bíblicas e não são capazes de descobrir a verdade da Palavra de Deus. Se examinar em detalhes, há imundície no armário dessas pessoas.

Esse espírito sempre distorce a Palavra de Deus e tenta convencer você de que a Bíblia não está transmitindo o sentido pretendido pelo Senhor. Quando o apóstolo Paulo estava pregando o evangelho em Chipre, confrontou um falso profeta que estava determinado a impedir que as pessoas ouvissem a mensagem de Cristo. Paulo, sob a unção do Espírito Santo, olhou para o homem e disse: "'Filho do Diabo e inimigo de tudo o que é justo! Você está cheio de toda espécie de engano e maldade. Quando é que vai parar de perverter os retos caminhos do Senhor? Saiba agora que a mão do Senhor está contra você, e você ficará cego e incapaz de ver a luz do sol durante algum tempo'" (Atos 13.10,11).

Quando encontrar tal espírito, chame-o pelo nome e, com ousadia, levante-se contra ele. Deus fará o resto.

## Homem forte número 5: o espírito de depressão

Deus diz que ele nos dará "o óleo da alegria em vez de pranto, e um manto de louvor em vez de espírito deprimido" (Isaías 61.3).

Tal espírito se manifesta como o espírito de tristeza, desespero, desesperança, rejeição, autocomiseração e glutonaria. Quando vir uma pessoa que sempre está triste e deprimida, sem jamais ver o lado luminoso da vida, ela certamente está carregando o espírito da depressão.

Entretanto, é natural lamentar a perda de um ente querido, mas a tristeza ou o desespero que não arrefece com o passar do tempo não vem de Deus. A desesperança jamais pode se tornar um estilo de vida. A Bíblia diz que, como cristãos, não podemos ficar "entristecidos, mas sempre alegres" (2Coríntios 6.10).

O termo "depressão" também pode ser aplicado à glutonaria. Há indivíduos que não perdem peso. Eles podem tomar remédios ou fazer dietas, mas continuam comendo por causa do espírito de glutonaria que está dominando a vida deles.

A realidade sobre esse espírito — independentemente de qual seja sua manifestação: pesar, tristeza ou glutonaria — tem de ser encarada e tratada.

## Homem forte número 6: o espírito de prostituição

O espírito de prostituição é um dos mais maléficos, controlando espíritos desenvolvidos por Satanás. Conforme descrito pelo profeta Oseias: "'Eles pedem conselhos a um ídolo de madeira, e de um pedaço de pau recebem resposta. Um espírito de prostituição os leva a desviar-se; eles são infiéis ao seu Deus. Sacrificam no alto dos montes e queimam incenso nas colinas'" (Oseias 4.12,13).

Esse espírito não só induz a pessoa a erros, mas, conforme vemos nessa parte das Escrituras, manifesta-se como o espírito de adoração a ídolos. Isso mesmo, ele também é um espírito religioso.

Aqueles envolvidos com fornicação e prostituição jamais são totalmente gratos. Existe uma ânsia que os leva a sempre buscar mais: "'Você se prostituiu também com os assírios, porque era insaciável, e, mesmo depois disso, ainda não ficou satisfeita'" (Ezequiel 16.28). Esse espírito também afeta seu coração espiritual: "'Como você tem pouca força de vontade, palavra do Soberano, o SENHOR, quando você faz todas essas coisas, agindo como uma prostituta descarada!'" (Ezequiel 16.30).

Os possuídos por esse demônio não têm vontade própria. Quando o espírito de prostituição os assola, jamais conseguem dizer não a seus anseios — e tudo acaba em alguma forma de idolatria. Eles cometem adultério por causa de um espírito de "lascívia [...]; [e] [...] de todos os ídolos das tuas abominações" (Ezequiel 16.36, *Tradução Brasileira*).

Eis, no entanto, a parte mais triste dessa história. O resultado final de ficar cativo por esse espírito é que a pessoa acaba na pobreza: "'Depois eu a entregarei nas mãos de seus amantes, e eles despedaçarão os seus outeiros e destruirão os seus santuários elevados. Eles arrancarão as suas roupas e apanharão as suas joias finas e a deixarão nua'" (Ezequiel 16.39). Ele devora a riqueza das pessoas.

## Homem forte número 7: o espírito de enfermidade

Certo dia, Jesus falava em uma sinagoga e "ali estava uma mulher que tinha um espírito que a mantinha doente havia dezoito anos. Ela andava encurvada e de forma alguma podia endireitar-se" (Lucas 13.11). O que Jesus fez? Ele a chamou e disse-lhe: "'Mulher, você está livre da sua doença'" (Lucas 13.12).

O Senhor falou diretamente a esse espírito.

Em meu ministério, Deus graciosamente permitiu que, ao orar pelos doentes, eu tenha a habilidade de detectar o espírito de enfermidade, e também ordeno-o, em nome de Jesus, a sair da vida desses doentes.

## Homem forte número 8: o espírito mudo e surdo

Depois que o Senhor desceu do monte da transfiguração, uma enorme multidão reuniu-se em torno dele. Um homem deu um passo à frente e disse: "Mestre, trouxe-te o meu filho, possesso de um espírito mudo; e este, onde quer que o apanha, lança-o por terra, e ele espuma, rilha os dentes e vai definhando. Roguei a teus discípulos que o expelissem, e eles não puderam" (Marcos 9.17,18, *Almeida Revista Atualizada*).

O pai, conforme a história registrada no livro de Mateus, disse: "Senhor, compadece-te de meu filho, porque é lunático e sofre muito; pois muitas vezes cai no fogo e outras muitas, na água" (Mateus 17.15, *Almeida Revista Atualizada*). Ele estava atormentado por causa desse demônio.

Um "espírito que [...] impede de falar" manifesta-se como insanidade. Além disso, é óbvio que esse menino estava tendo ataques epilépticos. Ao informar que o menino definhava, o pai queria dizer que o filho não queria comer e que, portanto, estava "secando" (*Almeida Revista Corrigida*). Quando trouxeram o menino a Jesus, esse espírito "imediatamente causou uma convulsão no menino" (Marcos 9.20).

O Senhor perguntou ao pai da criança havia quanto tempo isso vinha acontecendo. E a resposta foi que o problema acontecia desde que o menino era pequeno. O pai, agoniado, disse que, muitas vezes, "'[...] esse espírito o tem lançado no fogo e na água para matá-lo. Mas, se podes fazer alguma coisa, tem compaixão de nós e ajuda-nos'" (Marcos 9.22). Em outras palavras, o demônio levou o garoto a tornar-se suicida.

Foi nesse momento que Jesus disse ao pai: "'Tudo é possível àquele que crê'" (Marcos 9.23). E, de imediato, o homem clamou: "'Creio, ajuda-me a vencer a minha incredulidade!'" (Marcos 9.24).

Preste muita atenção ao que o Senhor disse a seguir. Ele repreendeu o espírito imundo com estas palavras: "'Espírito mudo e surdo, eu ordeno que o deixe e nunca mais entre nele'" (Marcos 9.25).

O menino estava possuído, mas o espírito em si não era mudo nem surdo. Jesus não estava falando isso para o menino, mas para o espírito demoníaco. As Escrituras registram que o "espírito gritou, agitou-o violentamente e saiu" (Marcos 9.26).

Lembre-se, o menino era lunático, tinha epilepsia e era suicida, mas Jesus chamou o espírito de "mudo e surdo". Por quê? Porque o Senhor conhecia o nome desse demônio que possuía o garoto e o expulsou. Portanto, um espírito "mudo e surdo" manifesta-se como espírito de insanidade, epilepsia e suicídio.

## Homem forte número 9: o espírito de temor

Quando o temor nos assola, há tormento, terror, preocupação, timidez e o sentimento de se sentir inferior. De fato, todas as fobias existem sob esse espírito, incluindo o medo de altura ou o de atravessar um túnel escuro.

Aqueles que sempre estão pressentindo perigo encontram-se prisioneiros desse espírito. Os sintomas podem incluir sinais físicos, como tremedeira incontrolável e pesadelos. Na história de Jó, lemos: "'temor e tremor se apoderaram de mim e fizeram estremecer todos os meus ossos'" (Jó 4.14).

Deus anseia que seus filhos o sirvam sem medo, porque, quando esse espírito sai de nossa vida, o inimigo também nos deixa. O desejo do Senhor é "'resgatar-nos da mão dos nossos inimigos para o servirmos sem medo'" (Lucas 1.74).

Sem sombra de dúvida, o temor, ou medo, é resultado do pecado. Se você retroceder ao princípio, depois que Adão e Eva escutaram Satanás e comeram do fruto proibido, eles fugiram do Senhor. Em seguida, Deus chamou Adão e perguntou: "'Onde está você?'" (Gênesis 3.9). Adão respondeu: "'Ouvi teus passos no jardim e fiquei com medo, porque estava nu; por isso me escondi'" (Gênesis 3.10).

No momento em que você permite que o pecado volte sorrateiramente à sua vida, o temor também retorna.

Há dois tipos de temor: o divino e o satânico. Em todas as Escrituras somos orientados a temer ao Senhor, e esse temor é o resultado de viver corretamente diante de Deus. Por exemplo: "Pela fé Noé, quando avisado a respeito de coisas que ainda não se viam, movido por santo temor, construiu uma arca para salvar sua família. Por meio da fé ele condenou o mundo e tornou-se herdeiro da justiça que é segundo a fé" (Hebreus 11.7).

Por outro lado, o temor satânico resulta de quando o pecado controla o comportamento humano. Lemos: "No amor não há medo; ao contrário o perfeito amor expulsa o medo, porque o medo supõe castigo. Aquele que tem medo não está aperfeiçoado no amor" (1João 4.18). Portanto, o temor divino motiva-nos, ao passo que o satânico nos domina.

Qual é a cura para o medo, a opressão e o terror? A retidão. "'Em retidão você será estabelecida: A tirania estará distante; você não terá nada a temer. O pavor estará removido para longe; ele não se aproximará de você'" (Isaías 54.14).

Firme-se na palavra: "Pois Deus não nos deu espírito de covardia, mas de poder, de amor e de equilíbrio" (2Timóteo 1.7).

Peça que o Senhor o liberte do espírito de temor.

## Homem forte número 10: o espírito de orgulho

Nem todo orgulho é ruim. Por exemplo, os pais sentem orgulho de seus filhos, e as crianças gostam de vangloriar-se do pai e da mãe que têm. Isso não é ter um espírito maligno — é normal! E, como seguidor de Cristo, tenho muito orgulho em ser cristão.

O orgulho perverso do qual falo é aquele cheio de arrogância, convencimento e egoísmo. É disso que a Bíblia fala neste texto: "O orgulho vem antes da destruição; o espírito altivo, antes da queda" (Provérbios 16.18).

As manifestações desse orgulho levam as pessoas a zombar dos outros e a tornar-se obstinadas — sentem que têm todas as respostas e não ouvem ninguém. Esse espírito leva às contendas e brigas: "O orgulho só gera discussões" (Provérbios 13.10). Ele também produz rancor: "O vaidoso e arrogante chama-se zombador; ele age com extremo orgulho" (Provérbios 21.24).

Esse demônio do orgulho, hipócrita e controlador, é religioso em sua natureza — e centrado no homem, não em Deus. Aqueles que têm esse espírito, em geral, zombam do evangelho.

Se detectar esse espírito, repreenda-o em nome de Jesus.

## Homem forte número 11: o espírito de escravidão

Isso mesmo, a escravidão, na verdade, é um espírito. Conforme escreveu o apóstolo Paulo: "Pois vocês não receberam um espírito que os escravize para novamente temerem" (Romanos 8.15). Observe que esse espírito, com frequência, também se manifesta no temor. É importante discernir com qual homem forte você está lidando.

Aqueles que têm o espírito de escravidão sentem-se constantemente angustiados e atormentados. Lemos como

"Moisés declarou isso aos israelitas, mas eles não lhe deram ouvidos, por causa da angústia e da cruel escravidão que sofriam" (Êxodo 6.9).

Com muita frequência, as pessoas se descobrem em escravidão por escolha própria. Toda pessoa dependente é também escravizada por esse espírito — independentemente de qual seja essa dependência: drogas, álcool, fumo, pornografia, glutonaria, jogos de azar, compulsão por compras ou qualquer outro hábito que não consiga abandonar.

Aqueles escravizados por esse espírito experimentam a amargura — amargura contra Deus, contra os pais ou contra qualquer outra autoridade. Isso também resulta em cegueira espiritual, e as pessoas só conseguem receber a verdade de Deus quando se libertam desse espírito. Você pode testemunhar a elas, mas não consegue nenhum sucesso.

Qual é a resposta? Você tem de orar por elas para que sejam libertas dessa escravidão. Mais adiante, direi como você deve fazer isso.

## Homem forte número 12: o espírito do anticristo

Você pode fazer a seguinte pergunta: "O anticristo é um homem?". Sim; e, um dia, ele governará a terra por um período de tempo. Há, no entanto, também um espírito chamado de espírito do anticristo. Esse espírito não tem nada que ver com o homem anticristo.

Esse espírito está na terra há mais de dois mil anos: "[...] mas todo espírito que não confessa Jesus não procede de Deus. Esse é o espírito do anticristo, acerca do qual vocês ouviram que está vindo, e agora já está no mundo" (1João 4.3). Ele está aqui hoje!

Qual é esse espírito do anticristo? Como podemos discerni-lo? Esse espírito nega o nascimento virginal. Existem igrejas e pastores hoje que negam que Jesus veio à terra em carne.

Esse espírito também nega a divindade de Cristo. Alguns dizem que Jesus foi um profeta ou um homem bom, mas que não é o Filho de Deus. Além disso, o espírito do anticristo nega que Cristo morreu na cruz e ressuscitou dos mortos. É um espírito que existe basicamente entre os religiosos que reconhecem Deus, mas fazem orações mortas e só acreditam em algumas partes da Bíblia.

Infelizmente, o espírito do anticristo controla milhões em nosso mundo.

## O PONTO CRUCIAL

Isso aconteceu em Durban, na África do Sul, em 1982, em uma reunião conduzida pelo evangelista Reinhardt Bonnke. Olhei de perto quando ele começou a repreender o espírito de enfermidade. Depois, ele passou a ser muito específico: "Repreendo o espírito de cegueira! Você, demônio de surdez, saia!". E continuou usando essa terminologia enquanto orava pelos doentes — com câncer, artrite e outras doenças. As pessoas passaram a ser curadas em todos os cantos do recinto.

Isso era algo surpreendente para mim. Apesar de eu orar pelos doentes nas reuniões que dirigia, jamais pensei que uma pessoa cega tivesse um espírito que precisasse ser repreendido. Eu apenas orava: "Senhor, cura essas pessoas!". O único momento em que repreendia alguma coisa era quando havia uma manifestação física da presença do demônio em uma pessoa.

Quando retornei para a América do Norte, comecei a repreender a doença, e o poder de Deus curava e libertava as pessoas, como jamais presenciara antes. Isso aconteceu antes de nossas cruzadas, enquanto liderava cultos em várias cidades. Por volta da mesma época, começamos a ter reuniões mensais de cura em Orlando, e cerca de 200 pessoas costumavam comparecer. No entanto, quando comecei a repreender as doenças, as multidões cresceram rapidamente, chegando a 2 mil presentes. Por quê? Porque os milagres estavam acontecendo em números impressionantes, algo sem precedentes. Nosso ministério teve um crescimento espantoso.

Mais tarde, em uma de nossas cruzadas na Carolina do Norte, o Senhor pediu-me que chamasse todas as pessoas surdas para virem à frente do auditório. Pelo menos, 30 a 40 pessoas vieram à frente. Fiquei de pé e disse: "Você, espírito de surdez, repreendo-o em nome de Jesus e ordeno que saia da vida dessas pessoas!".

Quase instantaneamente, os ouvidos de uma pessoa após outra começaram a se abrir. Por quê? Porque havia um demônio por trás da surdez dessas pessoas, e esse espírito foi expulso.

## EXERÇA AUTORIDADE

Aprendi a ser muitíssimo cuidadoso com relação à forma de enfrentar os problemas. Caso contrário, posso tentar expulsar um demônio onde não há nenhum. E também o contrário pode acontecer: posso ignorar uma situação em que há um demônio.

Enquanto Jesus andava pela terra ministrando às pessoas, houve momentos em que curou as pessoas de doenças, sem que houvesse nenhum espírito demoníaco envolvido. Por exemplo, em um sábado, enquanto entrava na sinagoga para ensinar, havia um homem cuja mão direita estava atrofiada. E Jesus, diante dos escribas e fariseus, disse ao homem: "'Levante-se e venha para o meio'" (Lucas 6.8). A seguir, o Senhor disse: " 'Estenda a mão'. Ele a estendeu, e ela foi restaurada" (Lucas 6.10).

Não houve expulsão de demônios, apenas uma simples palavra do Mestre.

Entretanto, quando havia um espírito demoníaco presente, Jesus confrontava o Diabo e o repreendia antes que a cura acontecesse. Quanto ao menino com ataques epilépticos incontroláveis, "Jesus repreendeu o espírito imundo, curou o menino e o entregou de volta a seu pai" (Lucas 9.42).

Quando a sogra de Pedro teve febre, Jesus, "em pé junto dela, inclinou-se e repreendeu a febre, que a deixou. Ela se levantou imediatamente e passou a servi-los" (Lucas 4.39).

Peça ao Senhor que dê orientação e discernimento a você em relação ao espírito com o qual está lidando.

Como cristão, não há necessidade de temer os 12 espíritos demoníacos que discutimos neste capítulo. Você recebeu poder e autoridade para repreendê-los em nome de Jesus. Aleluia!

## Capítulo 12

# Arranque a armadura do Diabo

Se você estiver pronto para amarrar o "homem forte" e derrotá-lo de uma vez por todas, quero mostrar como fazer isso. Primeiro, entretanto, você precisa estar totalmente consciente de como os demônios operam — e os sete métodos traiçoeiros que usam para conseguir entrar na nossa vida.

### 1. Os demônios entram por intermédio da rebelião

Um espírito rebelde é o primeiro passo em direção à destruição.

O rei Saul, por desobediência à lei de Deus, escutou o que o profeta Samuel tinha a lhe dizer: "'Pois a rebeldia é como o pecado da feitiçaria, e a arrogância como o mal da idolatria. Assim como você rejeitou a palavra do Senhor, ele o rejeitou como rei'" (1Samuel 15.23).

Por causa da rebelião, o "Espírito do Senhor se retirou de Saul, e um espírito maligno, vindo da parte do Senhor, o atormentava" (1Samuel 16.14). Saul passou da liberdade para a opressão e perturbação exercida pelos demônios.

Hoje, muitas crianças que se rebelaram contra seus pais se tornaram dependentes químicos e pervertidos sexuais. O ódio acompanha a rebelião — o ódio por qualquer autoridade, o ódio em relação a si mesmo e o ódio em relação a Deus e sua Palavra. Não dê a Satanás a oportunidade de entrar por essa porta.

## 2. Os demônios entram pelo abuso no falar

Você passa a ficar aberto à atividade demoníaca por meio daquilo que diz — das conversas que tem e da linguagem que usa. O poder da vida e da morte está na língua.

As Escrituras nos dizem: "O mau se enreda em seu falar pecaminoso, mas o justo não cai nessas dificuldades" (Provérbios 12.13). Isso mesmo, você pode ficar preso em uma armadilha por falar de maneira abusiva. Quando as pessoas dizem coisas que causam danos aos outros, desonram a Deus e convidam os demônios a entrar em sua vida.

Como essa é uma via de mão dupla, tenha cuidado com o que permite que as pessoas digam a você. Não receba indivíduos que vivem longe de Deus nem responda a eles. As palavras têm consequências.

## 3. Os demônios entram por intermédio de um espírito crítico

Tenho certeza de que você já encontrou aqueles que passam pela vida acabando com a vida das pessoas, enxergando apenas os pontos negativos e buscando encontrar falhas, em vez do que é bom. O apóstolo Paulo perguntou: "Portanto, você, por que julga seu irmão? E por que despreza seu irmão? Pois todos compareceremos diante do tribunal de Deus" (Romanos 14.10).

Uma atitude condenatória traz destruição. Deus diz: "Farei calar ao que difama o próximo às ocultas" (Salmos 101.5). Também somos instruídos a evitar "as conversas inúteis e profanas, pois os que se dão a isso prosseguem cada vez mais para a impiedade. O ensino deles alastra-se como câncer" (2Timóteo 2.16,17).

Satanás adoraria afligir você com a doença do espírito crítico!

## 4. Os demônios entram por intermédio do medo

Já discutimos como o medo é um dos 12 espíritos demoníacos chamados de "homem forte", mas temos de entender que Satanás precisa de apenas uma pequena abertura para controlar sua vida. A razão usada pelo Diabo é porque no "amor não há medo [...]. Aquele que tem medo não está aperfeiçoado no amor" (1João 4.18).

Quando o medo ataca, ele pode ser devastador, resultando com frequência em ataques de pânico e comportamento incontrolável. Talvez você conheça alguém que já tenha tido alguma experiência como essa. Se isso não for dominado, a força dessas pessoas começa a se esvair até que se sintam inúteis. E tudo por causa dessa poderosa arma utilizada pelo Diabo.

O medo, em essência, é demoníaco e ataca sem aviso prévio. Essa é a razão por que temos de nos firmar na Palavra de Deus e lutar contra sua entrada em nossa vida. Diga com o salmista: "O Senhor é a minha luz e a minha salvação; de quem terei temor? O Senhor é o meu forte refúgio; de quem terei medo? Quando homens maus avançarem contra mim para destruir-me, eles, meus inimigos e meus adversários, é que tropeçarão e cairão. Ainda que um exército se acampe contra mim, meu coração não temerá; ainda que se declare guerra contra mim, mesmo assim estarei confiante" (Salmos 27.1-3).

O momento não é para ter medo.

## 5. Os demônios entram por intermédio da preguiça

Há uma maldição sobre a pessoa letárgica, sem vida e que não tem desejo de trabalhar. Essa é a razão por que Deus nos diz para fugir de tal comportamento. A Palavra de Deus aconselha que o "caminho do preguiçoso é cheio de espinhos" (Provérbios 15.19).

Já foi dito que as mãos ociosas são oficina do Diabo, e isso é verdade. Quando existe preguiça, Satanás assume o comando.

O Senhor pergunta: "Até quando você vai ficar deitado, preguiçoso? Quando se levantará de seu sono? Tirando uma soneca, cochilando um pouco, cruzando um pouco os braços para descansar, a sua pobreza o surpreenderá como um assaltante, e a sua necessidade lhe sobrevirá como um homem armado" (Provérbios 6.9-11). Esse "homem armado" é o próprio Diabo, buscando a quem possa devorar.

Lembre-se: "As mãos preguiçosas empobrecem o homem, porém as mãos diligentes lhe trazem riqueza" (Provérbios 10.4).

## 6. Os demônios entram por intermédio da atividade sexual anormal

Satanás se torna extremamente ativo na pessoa que rejeita a verdade de Deus, e sua atividade se torna mais intensa naqueles que praticam comportamentos sexuais que não são normais.

As Escrituras são específicas em relação a esse assunto. A ira do Senhor se voltou contra aqueles que trocaram "a verdade de Deus pela mentira, e adoraram e serviram a coisas e seres criados, em lugar do Criador" (Romanos 1.25). Deus desistiu deles e:

os entregou a paixões vergonhosas. Até suas mulheres trocaram suas relações sexuais naturais por outras, contrárias à natureza. Da mesma forma, os homens também abandonaram as relações naturais com as mulheres e se inflamaram de paixão uns pelos outros. Começaram a cometer atos indecentes, homens com homens, e receberam em si mesmos o castigo merecido pela sua perversão (Romanos 1.26,27).

Ao evitar o Todo-poderoso, eles ficaram "cheios de toda sorte de [...] depravação [...] e malícia" (Romanos 1.29).

Abandone a perversão sexual de Satanás. "O casamento deve ser honrado por todos; o leito conjugal, conservado puro; pois Deus julgará os imorais e os adúlteros" (Hebreus 13.4).

Jamais ultrapasse as fronteiras estabelecidas pelas Escrituras.

## 7. Os demônios entram por intermédio da mescla entre a carne e o espírito

No mundo natural, há consequências em relação a essas misturas. Por exemplo, do cruzamento de uma égua com um jumento, resulta uma mula, que é estéril e não pode reproduzir. No mundo espiritual, existe também o perigo de misturar a justiça com a perversidade. Somos ordenados a seguir esta instrução: "Não se ponham em jugo desigual com descrentes. Pois o que têm em comum a justiça e a maldade? Ou que comunhão pode ter a luz com as trevas?" (2Coríntios 6.14).

Meu amigo, você não pode viver para o mundo seis dias por semana e viver para Deus aos domingos. Isso não funciona. É por isso que o Senhor diz: "Portanto, 'saiam do meio deles e separem-se [...]. Não toquem em coisas impuras, e eu os receberei' " (2Coríntios 6.17).

Mais uma vez, por que abrir a porta para a atividade demoníaca?

## Preparados para a batalha

Deus quer que você, como cristão, envolva-se em uma batalha para destruir a influência de Satanás. Entretanto, um exército uniformizado é um exército em perigo. Infelizmente, algumas pessoas não estão preparadas nem armadas para a guerra espiritual e saem desguarnecidas para a batalha. Quando fazem isso, assinam o próprio atestado de óbito.

Falamos sobre os homens fortes do Diabo, mas jamais os derrotaremos sem a armadura apropriada, a informação correta e a proteção fundamental. É inútil fazer um movimento até que estejamos revestidos para o combate. Se formos neutralizados pelas atividades do inimigo, não poderemos nos juntar ao exército de Deus nem derrotar o Diabo.

Jesus tratou dessa questão sem rodeios. Ele disse: "Se, porém, eu expulso os demônios pelo dedo de Deus, certamente, é chegado o reino de Deus sobre vós" (Lucas 11.20, *Almeida Revista Atualizada*). Para amarrar o homem forte você precisa do "dedo de Deus", do poder do Espírito Santo. Observe que Jesus usou a frase "é chegado o reino de Deus sobre vós", não *para vós*. Ele também disse essas mesmas palavras em relação à vinda do Espírito Santo: "'Mas receberão poder quando o Espírito Santo descer sobre vocês, e serão minhas testemunhas em Jerusalém, em toda a Judeia e Samaria, e até os confins da terra'" (Atos 1.8). A expressão "sobre vocês" trata do poder de Deus. Portanto, a fim de libertar os cativos, temos de ser revestidos do poder do Espírito.

Jesus prosseguiu: "'Quando um homem forte, bem armado, guarda sua casa, seus bens estão seguros. Mas quando alguém mais forte o ataca e o vence, tira-lhe a armadura em que confiava e divide os despojos'" (Lucas 11.21,22).

Nessa passagem, o "homem forte", é claro, é Satanás, e Jesus nos diz que esse homem está armado.

Nessa porção das Escrituras, o Senhor diz-nos exatamente o que é necessário para sobrepujar e destruir o inimigo. Começamos a sobrepujar o inimigo com a força, e a força mais poderosa sempre vence. Essa é a razão por que Jesus diz que temos de nos levantar contra o Diabo sendo "mais forte" que ele.

A Palavra de Deus declara que temos de nos fortalecer "no Senhor e no seu forte poder" (Efésios 6.10). Qual é a fonte dessa força? Jesus nos diz: "'Eu lhes dei autoridade [...] sobre todo o poder do inimigo; nada lhes fará dano'" (Lucas 10.19).

Não permita que o Diabo vença você!

## As divisões do exército de Satanás

A seguir, temos de tirar do homem forte "a armadura em que confiava" (Lucas 11.22). Quais são as armas do Diabo? Efésios 6.12 nos diz que "a nossa luta não é contra o sangue e a carne, e sim contra os principados e potestades, contra os dominadores deste mundo tenebroso, contra as forças espirituais do mal, nas regiões celestes" (*Almeida Revista Atualizada*).

Nesse único versículo, encontramos cinco divisões do exército de Satanás:

### Divisão número 1: os espíritos demoníacos

As Escrituras nos dizem que "nossa luta não é contra o sangue e a carne". Estamos em guerra com o Diabo e seus agentes. Os demônios podem ser encontrados aos bilhões.

### Divisão número 2: os principados

O termo "principados" tem origem na palavra grega *archas* — os principais governantes da hierarquia e ordem mais alta no reino de Satanás. Graças a Deus, existe Um que é maior que Satanás: "por estarem nele, que é o Cabeça de todo poder e autoridade, vocês receberam a plenitude" (Colossenses 2.10).

## Divisão número 3: as potestades

As potestades denotam as autoridades operando sob os principais governantes de Satanás, os que executam seus desejos. Uma versão da Bíblia em inglês traduz esse termo por "sargentos".

## Divisão número 4: os dominadores deste mundo tenebroso

O termo "mundo" aqui é proveniente da palavra *cosmos*. E esses dominadores são homens que receberam o poder de Satanás. Acredito que Herodes fosse um desses homens, e Hitler, outro.

## Divisão número 5: as forças espirituais do mal, nas regiões celestes

Isso inclui os espíritos perversos nas regiões celestiais, os anjos caídos e os príncipes do mal que lideram nações e povoam atmosferas. O príncipe da Pérsia, mencionado no livro de Daniel, era um deles.

### E quanto ao exército de Deus?

Creio que Paulo mencionou os demônios em primeiro lugar porque, quando nos defrontamos com o reino demoníaco, nosso primeiro contato é com eles. Portanto, quando

Jesus disse que o homem forte está armado (Lucas 11.22), isso quer dizer que ele tem um exército muito bem organizado.

É interessante observar que Satanás imitou Deus, porque Deus todo-poderoso tem cinco divisões em seu exército celestial: 1) serafins; 2) querubins; 3) seres viventes; 4) arcanjos; e 5) anjos comuns.

A ordem celestial começa com serafim, aquele que apresenta a glória de Deus. Vamos à glória antes de nos familiarizarmos com os exércitos angelicais.

Que contraste! Quando deparamos com Satanás, lidamos com demônios. No entanto, quando deparamos com os anjos, lidamos primeiro com a glória de Deus.

Entramos na glória por intermédio da ação de graças, do louvor e da adoração, o que libera o reino angelical. Essa é a razão por que o louvor e a adoração são a porta para a vitória.

Podemos derrotar Satanás porque o enfrentamos de um platô mais alto.

Lembre-se: Jesus disse o seguinte: "chegando outro mais forte do que ele [Satanás] e vencendo-o, tira-lhe todas as armas em que confiava e reparte os bens que tomou" (Lucas 11.22, *Almeida 21*). Estamos nas regiões celestes, com Cristo, e muito acima de todas as potestades. De cima, não de baixo, chegamos até onde está o Diabo. É assim que você domina o inimigo.

## Liberte os cativos!

O homem mais forte — ou seja, você — não só tira a armadura do Diabo, mas também "divide os despojos" (Lucas 11.22).

Os despojos são as vitórias que Satanás obteve contra nós no passado. Você não se apodera dos despojos antes de vencer uma batalha, e, como o Diabo teve alguns triunfos, seu espólio também se tornou uma arma contra nós.

Os despojos do Diabo incluem os cativos que ele mantinha aprisionados. Portanto, quando você divide os despojos, expulsa os demônios e os governadores perversos do Diabo e liberta os prisioneiros que Satanás manteve durante todo esse tempo. Você não só está expulsando os poderes do inferno, mas também quebrando correntes, abrindo portas e permitindo que os cativos sejam libertos.

Em nossas cruzadas, quando lidero as multidões no louvor e na adoração, correntes começam a cair, demônios começam a fugir, e a doença começa a ceder. O próprio Satanás corre como um covarde, e seu exército se dispersa com ele!

Esse é o cumprimento de uma maravilhosa afirmação que Jesus fez: "'Aquele que não está comigo, está contra mim; e aquele que comigo não ajunta, espalha'" (Mateus 12.30).

Quem são os que estamos ajuntando? Aqueles prisioneiros que acabaram de ser libertos. Você está trazendo a alma dos homens e mulheres até a cruz.

## Seu equipamento

Todos os 12 espíritos demoníacos que detalhamos no capítulo anterior têm de ser dominados e desarmados. Entretanto, antes que isso aconteça, precisamos nos certificar de que estamos preparados e equipados.

Começamos a fazer isso ao nos certificar de que nossa vida de oração está estruturada sobre um fundamento sólido. O salmista escreveu: "Clamo ao Senhor, que é digno de louvor, e estou salvo dos meus inimigos" (Salmos 18.3).

Os inimigos são os exércitos de Satanás — o Diabo e seu acampamento. Portanto, apenas quando clamamos a Deus ficamos livres do Diabo. Se ficarmos presos nas amarras de Satanás, como poderemos lutar contra ele e derrotá-lo? Jesus nos diz: "'Digo-lhes a verdade: Tudo o que vocês ligarem na terra terá sido ligado no céu, e tudo o que vocês desligarem na terra terá sido desligado no céu'" (Mateus 18.18).

Sua chave para a vitória, entretanto, encontra-se nos versículos que se seguem a esse que acabamos de citar: "'Também lhes digo que se dois de vocês concordarem na terra em qualquer assunto sobre o qual pedirem, isso lhes será feito por meu Pai que está nos céus. Pois onde se reunirem dois ou três em meu nome, ali eu estou no meio deles'" (Mateus 18.19,20).

Amarrar Satanás não é uma tarefa para você realizar sozinho. É preciso ter união! Devemos lutar juntos contra o Diabo.

Quando estudamos Mateus 18, descobrimos que tanto antes quanto depois temos de amarrar o Diabo e, como cristãos, precisamos nos reconciliar uns com os outros. Voltemos um pouco nesse trecho. Ali lemos:

> "Se o seu irmão pecar contra você, vá e, a sós com ele, mostre-lhe o erro. Se ele o ouvir, você ganhou seu irmão. Mas se ele não o ouvir, leve consigo mais um ou dois outros, de modo que 'qualquer acusação seja confirmada pelo depoimento de duas ou três testemunhas'. Se ele se recusar a ouvi-los, conte à igreja; e se ele se recusar a ouvir também a igreja, trate-o como pagão ou publicano" (Mateus 18.15-17).

O Senhor está falando sobre reconciliação, perdão e unidade. Imediatamente a seguir, ele fala sobre amarrar Satanás. Qual é a mensagem? Nenhum de nós pode conquistar o homem forte sozinho. É preciso unidade, estar em concordância. "Também lhes digo" — Jesus está dizendo que, a fim de realizarmos o que ele acabou de nos dizer, é essencial que estejamos em comunhão com os santos. Ele prossegue: "'[...] se dois de vocês concordarem na terra em qualquer assunto sobre o qual pedirem, isso lhes será feito por meu Pai que está nos céus'" (Mateus 18.19). Pelo que oramos?

E o que pedimos? Amarrar o inimigo. Quando fazemos isso, o Senhor promete estar lá conosco.

Jamais se esqueça de que aquele que está amarrando o Diabo é o Senhor. À medida que nos unimos como um só corpo, o poder do Senhor e sua pessoa estão presentes.

A porção restante de Mateus 18 é uma lição sobre o perdão. É impossível abrigar ódio e malícia em seu coração e esperar ter poder contra Satanás. Somos impotentes contra o Diabo se estivermos desconectados do Corpo de Cristo! É preciso unidade para amarrar as forças do inferno.

Jesus disse: "'*Peçam*, e lhes será dado; *busquem*, e encontrarão; *batam*, e a porta lhes será aberta'" (Lucas 11.9, grifos nossos). Há certas coisas que pedimos sozinhos. Por exemplo, não é necessário chamar um colega ou amigo para toda oração que quiser fazer. Mas, se houver um homem forte atacando seu filho ou filha, ou se um demônio estiver tentando destruir sua família, é hora de encontrar alguém para entrar em concordância com você em sua oração a fim de amarrar esse espírito maligno em nome de Jesus. E vocês dois têm de ser um no Espírito.

Recentemente, ouvi uma mensagem gravada de Kathryn Kuhlman. Ela alertava para o fato de ter alguém em seu ministério que não esteja unido a você no Espírito. Explicou que você pode encontrar uma pessoa nascida de novo, cheia do Espírito e que ame o Senhor, mas que só se ajustará ao seu ministério se o coração dela estiver unido ao seu. Quando vocês concordam, os céus respondem.

A partir de agora, batalhe contra os exércitos de Satanás por intermédio da oração e da união com outros cristãos; assim, você destruirá a armadura do Diabo, libertará os cativos e obterá grandes vitórias tanto para você quanto para os outros.

## Capítulo 13

# A ARMA SECRETA CONTRA O INIMIGO

Os livros de história estão repletos de relatos dramáticos de batalhas decisivas — Josué conquistando Jericó, a queda de Constantinopla, a Guerra Civil dos Estados Unidos, a Guerra dos Seis Dias de Israel, a invasão do Iraque e centenas de outros confrontos que abalaram o mundo.

Embora muitas pessoas prefiram ignorar o fato, há, neste momento, um conflito colossal sendo travado e com consequências muito mais sérias que qualquer batalha já registrada nos anais da História. Essa terrível batalha é entre os filhos de Deus e Satanás.

Nesse eterno conflito, você e eu temos uma arma secreta para usar contra o inimigo — a poderosa Palavra de Deus. Neste capítulo, quero mostrar por que essa é a única artilharia de que você necessita para derrotar Satanás por completo.

Hoje, vejo muitos cristãos encolhendo-se e assumindo uma posição defensiva, escondendo-se atrás de uma barreira ou fugindo do Diabo. Não é isso que deve acontecer. Deus deseja que nos tornemos uma força poderosa e eficaz, destruindo o poder de Satanás. O Senhor não está buscando um exército acocorado atrás de um arbusto, cantando "Há poder, sim, força sem igual, só no sangue de Jesus". Deus, em vez disso, quer que estejamos na linha de frente, destroçando o inimigo. Quando Satanás se manifesta, temos de nos levantar e fazer seu propósito fracassar.

Jesus afirmou esta verdade impressionante: "'[...] e sobre esta pedra edificarei a minha igreja, e as portas do Hades não poderão vencê-la" (Mateus 16.18). A expressão "portas do Hades" refere-se ao poder ou à autoridade de Satanás; e o plano de Deus, de acordo com a Bíblia, não será detido.

Esse não é um retrato das forças inimigas mirando em você. É exatamente o oposto, você está caminhando contra o próprio inferno. Você está se opondo a ele e impedindo suas ações.

As Escrituras proclamam: "Mas graças a Deus, que sempre nos conduz vitoriosamente em Cristo e por nosso intermédio exala em todo lugar a fragrância do seu conhecimento" (2Coríntios 2.14).

## COMECE CELEBRANDO

Um triunfo não é o mesmo que uma vitória; antes, é a *celebração* de uma vitória. Jamais ignore a palavra "sempre". Não se trata de derrotar o Diabo apenas uma vez, mas para sempre.

Na verdade, Deus nos chamou para impingir a vitória do Calvário sobre o inimigo e regozijar em um trabalho já realizado, já acabado. Celebramos esse triunfo no poder do Espírito Santo com autoridade e fé em seu nome poderoso. As Escrituras confirmam: "O que é nascido de Deus vence o mundo; e esta é a vitória que vence o mundo: a nossa fé" (1João 5.4).

O triunfo é o resultado de nossa total dependência e confiança no Senhor. Isso não tem nada que ver com depositar nossa fé na fé. Apegamo-nos às promessas e à glória do que foi conquistado na cruz, porque Deus "nos dá a vitória por meio de nosso Senhor Jesus Cristo" (1Coríntios 15.57). Longe de Cristo, não existe vida eterna, nem vitória, nem conquista sobre Satanás.

## A VITÓRIA POR INTERMÉDIO DA OBEDIÊNCIA

Nessa batalha as "armas com as quais lutamos não são humanas; ao contrário, são poderosas em Deus para destruir fortalezas. Destruímos argumentos e toda pretensão que se levanta contra o conhecimento de Deus, e levamos cativo todo pensamento, para torná-lo obediente a Cristo" (2Coríntios 10.4,5).

Em razão disso, qualquer área de sua vida na qual Satanás tem uma fortaleza, ou domínio, pode ser conquistada. Entretanto, se examinarmos minuciosamente essa passagem, veremos que ela nos diz exatamente como essas fortalezas podem ser conquistadas. O processo começa com a destruição dos "argumentos", livrando-nos das imagens mentais e racionalizações que não se fundamentam na verdade.

Para compreender plenamente a implicação da passagem citada, precisamos ler o seguinte versículo: "E estaremos prontos para punir todo ato de desobediência, uma vez estando completa a obediência de vocês" (2Coríntios 10.6).

Que revelação! Isso nos diz que, quando começarmos a obedecer ao Senhor, tudo que se opõe a ele (toda desobediência) será silenciada. Não tocará nossa família, nosso lar e nossos entes queridos. Deus começará a trabalhar a nosso favor!

## É TUDO OU NADA

O Senhor não aprova as vitórias parciais. É tudo ou nada! O salmista detalha uma conquista definitiva, total e permanente:

> Ele é o Deus que me reveste de força
> e torna perfeito o meu caminho.

Torna os meus pés ágeis como os da corça,
sustenta-me firme nas alturas.
Ele treina as minhas mãos para a batalha
e os meus braços
    para vergar um arco de bronze.
Tu me dás o teu escudo de vitória;
tua mão direita me sustém;
desces ao meu encontro para exaltar-me.
Deixaste livre o meu caminho,
    para que não se torçam os meus tornozelos.
Persegui os meus inimigos e os alcancei;
e não voltei
enquanto não foram destruídos.
Massacrei-os, e não puderam levantar-se;
jazem debaixo dos meus pés.
Deste-me força para o combate;
subjugaste os que se rebelaram contra mim.
Puseste os meus inimigos em fuga
e exterminei os que me odiavam.
Gritaram por socorro,
    mas não houve quem os salvasse;
clamaram ao Senhor, mas ele não respondeu.
Eu os reduzi a pó, pó que o vento leva.
Pisei-os como à lama das ruas (Salmos 18.32-42).

Quando vir seus adversários derrotados de tal forma que não reste nada além de poeira no ar, isso é vitória total!

Não somos ordenados a lutar apenas 30% da batalha ou, até mesmo, 60%. Nosso comandante-chefe exige que empenhemos 100% de nosso esforço. Não há tempo para recuar e reclamar: "Bem, já deu!". Você jamais deve desistir até que seu inimigo seja totalmente subjugado e dominado.

Já é tempo de reconhecer Satanás pelo que ele é — um covarde, não um campeão.

## JAMAIS BATA EM RETIRADA

Há uma lição a ser aprendida no relato da invasão de Josué à cidade de Ai. Talvez você se recorde de que Israel, em sua primeira tentativa, sofreu grande derrota porque um soldado desobedeceu às ordens de Deus e ficou com os despojos amaldiçoados recolhidos durante a batalha de Jericó (Josué 7). Por causa disso, o Senhor ensinou aos filhos de Israel uma lição.

No entanto, na operação para tomar essa cidade, tudo aconteceu de forma distinta. Assim que a batalha começou, Deus disse a Josué que fizesse algo bastante incomum: "'Estende a lança que você tem na mão na direção de Ai, pois nas suas mãos entregarei a cidade'. Josué estendeu a lança na direção de Ai" (Josué 8.18). Esse líder escolhido de Deus não jogou a lança; apenas a segurou no ar, mesmo enquanto o exército invadia a cidade: "Pois Josué não recuou a lança até exterminar todos os habitantes de Ai" (Josué 8.26).

Essa surpreendente batalha é simbólica da batalha contra Satanás que travamos hoje em dia; essa que continuará até que todo inimigo seja vencido. Independentemente dos obstáculos, jamais podemos retroceder até que obtenhamos a vitória na batalha.

## USE TODAS AS SUAS FLECHAS

Se você não tiver fé e estiver disposto a aceitar apenas uma vitória parcial, os demônios o perturbarão com espinhos na carne. Essa é a razão por que você tem de manter as armas da guerra nas mãos e jamais desistir. Independentemente do que Deus ofereça a você como arma para sua batalha — lança, pedra ou flecha —, não faça um movimento sequer antes que o Senhor dê o sinal para você agir. E, quando ele fizer isso, jamais se desvie do plano estabelecido.

Certa vez, o profeta Eliseu estava sofrendo de uma doença da qual ele logo morreria, e Jeoás, o rei de Israel, o visitou. Ao vê-lo, o rei clamou em voz alta: "'Meu pai! Meu pai! Tu és como os carros e os cavaleiros de Israel!'" (2Reis 13.14).

Eliseu, em vez de agradecer a ele por seu cuidado e preocupação, pediu ao rei que lhe trouxesse um arco e flechas. O rei fez o favor, e o profeta o instruiu. "'Pegue o arco em suas mãos'" (2Reis 13.16). Quando o rei fez isso, Eliseu pôs sua mão débil e doente sobre a do rei.

Depois, o profeta lhe disse que abrisse a janela na direção leste e atirasse. O rei fez o que Eliseu lhe disse que fizesse; e o profeta, a seguir, proferiu estas palavras proféticas: "'Esta é a flecha da vitória do Senhor, a flecha da vitória sobre a Síria! Você destruirá totalmente os arameus, em Afeque'" (2Reis 13.17).

Daí, Eliseu disse para o rei pegar as flechas e golpear o chão, e o rei, portanto, "golpeou o chão três vezes e parou" (2Reis 13.18).

Nesse momento, o profeta ficou bravo com ele, dizendo: "Você deveria ter golpeado o chão cinco ou seis vezes; assim iria derrotar a Síria e a destruiria completamente. Mas agora você a vencerá somente três vezes" (2Reis 13.19).

Eliseu, com essas palavras, estava punindo o rei e, de fato, queria dizer: "Por que você parou em três? Agora já sabe que terá apenas 50% de sucesso em sua batalha contra a Síria".

Eliseu morreu, mas sua profecia ganhou vida, provando-se correta.

## A arma número um do Diabo

Quando enfrentamos qualquer conflito em nossa vida, o Senhor quer que saibamos que não podemos abandonar o campo de batalha antes de o inimigo ser derrotado.

Precisamos nos ajoelhar, continuar declarando as promessas de Deus e jamais ficar desiludido nem abandonar a luta antes da vitória.

Se tiver filhos ou entes queridos que não estão vivendo para o Senhor e você quiser vê-los entrar no Reino de Deus, você não pode ter preguiça nem retardar o chamado do Senhor. Se fizer isso, significa que acabará perdendo a batalha!

Você conhece as táticas do Diabo? Ele, no reino natural, não ataca com flechas. Ao contrário, as armas do inimigo são suas palavras. Lembre-se do que ele falou a Eva no jardim do Éden: "'Certamente não morrerão!'" (Gênesis 3.4).

Isso mesmo, o Diabo usa sua voz. Conforme o salmista orou, dizendo: "[...] ouve-me e responde-me! Os meus pensamentos me perturbam, e estou atordoado diante do barulho do inimigo, diante da gritaria dos ímpios; pois eles aumentam o meu sofrimento e, irados, mostram seu rancor" (Salmos 55.2,3).

Os demônios falam contra os cristãos todos os dias. Neste exato momento, no reino de Satanás, as bruxas proferem maldições sobre os cristãos. Um antigo adepto do ocultismo — que hoje é cristão — contou-me: "Em nossas reuniões, costumávamos falar contra você e seu ministério".

No salmo citado anteriormente, Davi estava querendo dizer o seguinte em sua oração: "Não sei o que está acontecendo em minha vida. Estou sendo bombardeado pelas palavras dos demônios. É como se houvesse uma maldição sobre a minha vida. Consigo sentir a raiva deles".

Ele continuou:

> O meu coração está acelerado; os pavores da morte me assaltam. Temor e tremor me dominam; o medo tomou conta de mim. Então eu disse: Quem dera eu tivesse asas como a pomba; voaria até encontrar repouso! Sim, eu fugiria para bem longe, e

no deserto eu teria o meu abrigo. Eu me apressaria em achar refúgio longe do vendaval e da tempestade (Salmos 55.4-8).

Ele queria fugir dessa tormenta e buscava a ajuda dos céus.

## Louvores sublimes

Você já esteve em uma situação em que sentiu tamanha angústia mental que procurou uma forma de escape? Deixe-me compartilhar um trecho das Escrituras que salvará sua vida: "Pela palavra dos teus lábios eu evitei os caminhos do violento" (Salmos 17.4).

Sua libertação e proteção são o resultado do ouvir e proferir a Palavra de Deus. Isso impedirá que vá ladeira abaixo até o beco sem saída nas estradas do inimigo.

Se você é um cristão nascido de novo, o Senhor tem uma palavra especialmente para você: "Regozijem-se os seus fiéis nessa glória e em seus leitos cantem alegremente! Altos louvores estejam em seus lábios e uma espada de dois gumes em suas mãos" (Salmos 149.5,6).

Por que cantar e louvar? Essas são armas poderosas contra o inimigo: "[...] para imporem vingança às nações e trazerem castigo aos povos, para prenderem os seus reis com grilhões e seus nobres com algemas de ferro, para executarem a sentença escrita contra eles. Esta é a glória de todos os seus fiéis. Aleluia!" (Salmos 149.7-9).

Esses versículos falam diretamente com os principados e os poderes de Satanás. Essa é a razão por que podemos reivindicar essa promessa de Deus: "'nenhuma arma forjada contra você prevalecerá, e você refutará toda língua que a acusar. Esta é a herança dos servos do Senhor, e esta é a defesa que faço do nome deles'" (Isaías 54.17).

A língua que é contra você pertence ao Diabo. Você é atacado porque as palavras, provenientes do reino demoníaco, são direcionadas a você. Para se proteger, tem de falar as Escrituras. Quando você faz isso, traz julgamento e destruição para o reino do inferno.

Continue orando e proferindo a Palavra de Deus até que o inimigo seja reduzido a pó. Depois disso, será capaz de declarar: "Os meus inimigos retrocederão, quando eu clamar por socorro. Com isso saberei que Deus está a meu favor" (Salmos 56.9).

Louvado seja o Senhor!

## Está escrito

Quando Jesus foi batizado por João no rio Jordão, os céus se abriram repentinamente, e a voz de Deus se fez ouvir: "Este é o meu Filho amado, em quem me agrado" (Mateus 3.17).

"Meu filho"! Os anjos ouviram isso, o mundo ouviu isso, e Satanás também ouviu isso. E, ainda mais, o Espírito Santo confirmou isso ao vir e pousar sobre o Filho de Deus na forma de uma pomba.

Apenas alguns dias depois desse episódio, Jesus estava no deserto sendo tentado pelo Diabo — aquele mesmo que ouvira a voz do Todo-poderoso. Essa é a razão por que Satanás zombou: "'Se és o Filho de Deus, manda esta pedra transformar-se em pão'" (Lucas 4.3).

Jesus tinha todo o direito de responder: "Você não ouviu o que Deus disse sobre quem eu sou? Por que está questionando o que ele diz?". O Senhor, no entanto, nem mesmo mencionou a experiência no rio Jordão. Ao contrário, Jesus usou a santa Palavra de Deus para contra-atacar Satanás, dizendo: "'Está escrito: "Nem só de pão viverá o homem"'" (Lucas 4.5).

Isso é relevante! Não consigo contar o número de pessoas que já me disseram: "Deus falou comigo!". Entretanto, sua arma que derrotará o inimigo não é o que você ouve, nem suas experiências com o Senhor, mas a Palavra de Deus conforme a encontramos nas Escrituras.

Não existe nenhuma palavra nem revelação adicionais além da Palavra de Deus.

## A PALAVRA DE SEU TESTEMUNHO

Ouvimos com frequência as pessoas se referirem a si mesmas como "vitoriosas". Esse certamente é um objetivo digno de ser almejado, mas como o alcançamos? Há apenas uma forma para isso. Em Apocalipse 12.11, lemos: "Eles o venceram pelo sangue do Cordeiro e pela palavra do testemunho que deram; diante da morte, não amaram a própria vida".

Se você não tiver certeza sobre a quem se refere o artigo "o", examine o versículo anterior. É ao próprio Satanás: "foi lançado fora o acusador dos nossos irmãos" (Apocalipse 12.10). E "irmãos" somos você e eu, a Igreja. Isso significa que a derrota de Satanás é pelo sangue derramado na cruz e pelas palavras proferidas por nossos lábios.

No final do versículo 11, lemos essa seriíssima afirmação: "[...] diante da morte, não amaram a própria vida" (Apocalipse 12.11). Estavam dispostos a pagar o preço mais alto por aquilo em que acreditavam. Para falar sem rodeios, aquilo que pode custar sua vida!

Jesus, durante todo o seu ministério, falou que havia destruição no reino do inferno. Ele expulsava demônios com as palavras que saíam de sua boca!

O Senhor profetizou que, depois de seu retorno para o céu, os cristãos na terra fariam coisas ainda maiores que ele mesmo já realizara (João 14.12). Tudo isso é possível por causa do poder que Deus pôs nos lábios daqueles que creem nele.

Não estou falando sobre nomear e reivindicar um novo carro ou anel de diamante. Não é o que desejamos, mas o que a Palavra de Deus declara. Para se tornar um vitorioso, certifique-se de que seu objetivo é acompanhado por estas palavras: "Assim diz o Senhor".

A única forma de derrotar Satanás é ter a Palavra habitando em você: "Filhinhos, eu lhes escrevi porque vocês conhecem o Pai. Pais, eu lhes escrevi porque vocês conhecem aquele que é desde o princípio. Jovens, eu lhes escrevi, porque vocês são fortes, e em vocês a Palavra de Deus permanece e vocês venceram o Maligno" (1João 2.14).

## Desperte!

Você precisa aprender a sintonizar os ouvidos em Deus quando ele pergunta: "Por que você tem medo do Diabo?". O Todo-poderoso quer saber:

"Quem é você para que tema homens mortais, os filhos de homens, que não passam de relva, e para que esqueça o Senhor, aquele que fez você, que estendeu os céus e lançou os alicerces da terra, para que você viva diariamente, constantemente apavorada por causa da ira do opressor, que está inclinado a destruir? Pois onde está a ira do opressor?" (Isaías 51.12,13).

Aqui, Deus desafiou diretamente o Diabo, como se dissesse: "Duvido que fique bravo quando eu aparecer!". E o Senhor está dizendo que devemos parar de tremer feito vara verde por causa do inimigo. Desperte!

Comece a apoiar-se e confiar em Deus. Tema ao Senhor, não o Diabo.

Depois, o Senhor retratou esta cena: "'Os prisioneiros encolhidos logo serão postos em liberdade; não morrerão em sua masmorra, nem terão falta de pão'" (Isaías 51.14).

Deus estava olhando para o homem que estava amarrado pelo Diabo, preocupado pelo temor de morrer de fome e cheio de vontade de ficar livre da armadilha na qual se encontrava.

A seguir, o Senhor Deus todo-poderoso fez uma aparição, proclamando: "'Pois eu sou o Senhor, o seu Deus, que agito o mar para que suas ondas rujam'" (Isaías 51.15).

Independentemente da situação em que você se encontra, o Senhor é totalmente suficiente. Ele é tudo que você necessita. Deus pode trazer paz a qualquer tempestade ou situação.

Por fim, Deus fez esta surpreendente afirmação: "Pus minhas palavras em sua boca" (Isaías 51.16). Essa é a chave para a vitória! Ele põe sua Palavra ungida em seu íntimo, e, quando você a declara com seus lábios, o que quer que seja que o esteja amarrando será desamarrado, e você ficará livre.

O poder milagroso da Palavra de Deus!

Agora, o Senhor pode começar a trabalhar por seu intermédio. "'[...] e o cobri com a sombra da minha mão, eu, que pus os céus no lugar, que lancei os alicerces da terra, e que digo a Sião: Você é o meu povo'" (Isaías 51.16).

Que verdade surpreendente! Quando você começa proferindo a Palavra, Deus *trabalha* a Palavra. O plantio já começou, e uma grande colheita está sendo preparada.

## Deixe-a brilhar!

A palavra em sua boca transformará a noite em dia. O salmista olhou para o céu e disse: "Tu, Senhor, manténs acesa a minha lâmpada; o meu Deus transforma em luz as minhas trevas" (Salmos 18.28).

Como isso acontece? Por intermédio das palavras que você profere: "O que você decidir se fará, e a luz brilhará em seus caminhos" (Jó 22.28).

Uau! Seu caminho foi iluminado quando você proferiu a Palavra. Isso mesmo, a Palavra é lâmpada nos seus pés, mas essa luz é acesa quando a Palavra é liberada de sua boca.

## SUA GARANTIA

Qualquer autoridade que alguém conquista aqui na terra depende da pessoa que a concede a ela. Por exemplo, alguém pode entrar em um banco e tentar falsificar minha assinatura em uma folha de cheque. Essa pessoa pode ser processada ou passar algum tempo atrás das grades. Todavia, se eu lhe der instruções e assinar legalmente a folha de cheque, ela terá 100% de meu endosso para sua ação.

Com o Senhor Jesus, não é diferente. Ele disse: "'E eu farei o que vocês pedirem em meu nome, para que o Pai seja glorificado no Filho'" (João 14.13). Quando caminhamos na autoridade do Senhor, ele nos garante os resultados.

O oposto também é verdade. Caso se aproprie do nome do Senhor sem a permissão dele, ai de você!

Quando o apóstolo Paulo estava pregando em Éfeso, seu ministério foi acompanhado de milagres poderosos. A Bíblia relata um episódio que aconteceu com alguns judeus: "Alguns judeus que andavam expulsando espíritos malignos tentaram invocar o nome do Senhor Jesus sobre os endemoninhados, dizendo: 'Em nome de Jesus, a quem Paulo prega, eu lhes ordeno que saiam!' " (Atos 19.13). Quando tentaram fazer isso com um homem possesso, o espírito demoníaco respondeu: "'Jesus, eu conheço, Paulo, eu sei quem é; mas vocês, quem são?'" (Atos 19.15).

Esse homem perturbado pulou sobre os impostores, dominou-os e os fez fugir da cidade. Como resultado disso, o nome de Jesus foi engrandecido: "Grande número dos que tinham praticado ocultismo reuniram seus livros e os queimaram publicamente" (Atos 19.19).

Em nome de Jesus e no poder da Palavra de Deus é que temos autoridade sobre o inimigo.

## Correntes quebradas

Jesus conquistou e derrotou Satanás para você e para mim. Ele anunciou à humanidade: "'O Espírito do Senhor está sobre mim, porque ele me ungiu para pregar boas-novas aos pobres. Ele me enviou para proclamar liberdade aos presos e recuperação da vista aos cegos, para libertar os oprimidos'" (Lucas 4.18).

Sabendo que isso é verdade, por que alguns cristãos estão acorrentados por Satanás? A porta da prisão se abriu, mas continuam cativos. Não precisamos arrebentar as correntes; elas já foram quebradas. Mas é você quem decide se quer andar na liberdade de Deus.

Isso me traz à mente a história sobre o treinamento de um elefante. Quando esse elefante ainda era bebê, seu treinador acorrentou-lhe a pata em uma estaca presa com firmeza no solo. É claro que o elefantinho resistiu e tentou fugir, mas não conseguiu.

Quando o animal cresceu, ficou mais forte que a corrente, mas não sabia disso. Por quê? Porque suas fronteiras limitadas haviam sido gravadas em seu cérebro quando bebê. Apesar de esse enorme adulto ser muito mais forte que a corrente, ele, em sua mente, ainda continuava preso.

Há muitos cristãos presos em armadilhas mentais similares. Por intermédio de Deus, eles são mais fortes que o Diabo, mas não têm consciência disso. Ainda não experimentaram o poder de Deus e continuam aprisionados por seu temor e fraqueza. Tão somente precisam saber o seguinte: "Aquele que pratica o pecado é do Diabo, porque o Diabo vem pecando desde o princípio. Para isso o Filho de Deus se manifestou: para destruir as obras do Diabo" (1João 3.8).

Na cruz do Calvário, Jesus proferiu estas palavras: "'Está consumado!'" (João 19.30).

Naquele momento, o que ele veio realizar estava completo. Satanás foi conquistado, e nós, ao aceitar sua palavra pela fé, fomos gloriosamente libertos.

## Foi conquistado

Lembre-se, mesmo antes de Josué cruzar o rio Jordão e entrar na terra prometida, o Senhor lhe dissera: "'todo lugar onde puserem os pés eu darei a vocês'" (Josué 1.3). O território já fora conquistado; tudo que Josué e os filhos de Israel tinham de fazer era entrar na terra e possuí-la.

A porta para a posse deles, entretanto, era declarar a Palavra de Deus. O Senhor disse a Josué: "'Não deixe de falar as palavras deste Livro da Lei e de meditar nelas de dia e de noite, para que você cumpra fielmente tudo o que nele está escrito. Só então os seus caminhos prosperarão e você será bem-sucedido'" (Josué 1.8).

Se você ouvir, Deus tem a mesma mensagem para você. Jesus promete: "'Eu lhe darei as chaves do Reino dos céus; o que você ligar na terra terá sido ligado nos céus, e o que você desligar na terra terá sido desligado nos céus'" (Mateus 16.19). Ele já derrotou o Diabo e está dizendo a você que saia da prisão e possua a terra.

Você é senhor do Diabo! Ele tem de obedecer a você.

Infelizmente, os demônios são como cães — eles sabem quando seus donos estão com medo. Eles podem pressentir seu medo. Como resultado disso, se falharmos em exercer nossa autoridade, eles assumirão total controle sobre nós e causarão transtornos e destruição.

O Diabo nos vê exatamente da mesma forma que vemos a nós mesmos. Essa é a razão por que precisamos crer na Palavra de Deus e saber quem somos no Senhor antes de entrar no campo de batalha contra as forças do inferno. Essa é uma verdade transformadora de vida.

Quando Moisés enviou os 12 espias para investigar a terra prometida — cada um deles representando uma das 12 tribos de Israel —, 10 deles retornaram com relatos negativos. Isso mesmo, leite e mel manavam na terra de Canaã, mas eles ficaram apavorados com os gigantes da terra: "'Vimos também os gigantes, os descendentes de Enaque, diante de quem parecíamos gafanhotos, a nós e a eles'" (Números 13.33).

A visão que você tem de si mesmo, seja de força, seja de fraqueza, é exatamente como Satanás o vê. É por isso que sua autoimagem precisa estar centrada na Palavra de Deus e no que ele diz sobre seu presente e seu futuro. Você é cabeça, não cauda (Deuteronômio 28.13). Você é mais que vitorioso (Romanos 8.37). Quando crê na Palavra de Deus, nada é impossível para você (Marcos 9.23).

## Preste atenção ao que você diz!

Chegou o tempo em que Deus está dizendo: "Se você está ignorando minha Palavra, tudo bem. Seguirei em frente e farei tudo que eu ouvir você dizer. Abandonarei você em seus próprios desejos".

Por exemplo, Deus prometeu aos filhos de Israel que os levaria à terra prometida, mas, durante a jornada, eles estavam reclamando de morrer no deserto. Eles murmuraram: "'Não seria melhor voltar para o Egito?'" (Números 14.3).

Como os filhos de Israel falavam sobre desastre, então isso é o que receberiam. Deus declarou: "'Cairão neste deserto os cadáveres de todos vocês [...] que se queixaram contra mim'" (Números 14.29). E foi exatamente isso o que aconteceu (Números 14.36).

## COMO A PALAVRA GANHA VIDA

Quão comprometido você está com a leitura e o estudo da Bíblia — incluindo todas as genealogias, as leis, os profetas, os evangelhos, as epístolas e outros textos mais? Se você não entende todas as palavras, tudo bem. Leia e releia cada capítulo e versículo até que entenda o texto. Nesse processo, as Escrituras brotam e se tornam vivas em seu coração.

Não consigo começar a expressar quão grande foi minha empolgação quando descobri pela primeira vez que uma porção do texto em Gênesis é explicada em Isaías, uma seção de Ezequiel só é compreendida em Efésios, e alguns versículos de Êxodo são revelados em Apocalipse. Você descobrirá que a Bíblia interpreta a si mesma.

À medida que lê a Palavra, haverá perguntas, mas não tente encontrar as respostas do dia para a noite. Continue lendo, porque o que parece ser um problema em um livro será resolvido em outro. Como em um quebra-cabeça, tudo se encaixa quando você tem o panorama geral, um retrato mais claro da Palavra de Deus.

Leia. Estude. Ore. Depois leia um pouco mais. Deus nos diz: "'Meu povo foi destruído por falta de conhecimento'" (Oseias 4.6). E temos de viver "de maneira digna do Senhor [...], frutificando em toda boa obra, crescendo no conhecimento de Deus" (Colossenses 1.10).

## A ÚNICA ARMA DE QUE VOCÊ NECESSITA

Se quiser conhecer a mente e a vontade do Senhor, leia o que ele escreve. Não fique procurando profetas na atualidade para depois dizer: "Bem, Deus está dizendo isso para mim".

O dom de profecia é para a edificação, exortação e conforto. Não é sua arma. Até mesmo os maravilhosos dons de sabedoria, conhecimento, fé e operação de milagres não são sua artilharia contra Satanás. Nessa guerra, você precisa de apenas uma arma — a Palavra de Deus escrita. Quando misturamos a Palavra de Deus com a oração fervorosa, temos uma espada afiada de dois gumes.

O problema que enfrentamos é que a maioria das pessoas não sabe o que está escrito! Elas não estão lendo o que Deus disse, e, em consequência disso, o Diabo cria confusão na vida dessas pessoas. Se não conhecemos as Escrituras, como podemos lutar contra Satanás? As Escrituras afirmam que Deus guarda sua Palavra para cumpri-la.

A Bíblia declara que você pode exercer autoridade sobre o inimigo quando a Palavra está em seu íntimo: "O Senhor estendeu a mão, tocou a minha boca e disse-me: 'Agora ponho em sua boca as minhas palavras. Veja! Eu hoje dou a você autoridade sobre nações e reinos, para arrancar, despedaçar, arruinar e destruir; para edificar e plantar' " (Jeremias 1.9,10).

Você experimentará as promessas de Deus.

## A VERDADEIRA LIBERTAÇÃO

Deus nos diz que podemos escolher nosso próprio senhor. Podemos obedecer ao Senhor ou ao Diabo. Seu senhor é qualquer um a quem você se submete. As Escrituras nos dizem: "Não sabem que, quando vocês se oferecem a alguém para lhe obedecer como escravos, tornam-se escravos daquele a quem obedecem: escravos do pecado que leva à morte, ou da obediência que leva à justiça?" (Romanos 6.16).

Você diz: "Bem, já fui liberto do Diabo". Não é bem assim. Você só está livre se ouvir a Palavra de Deus e obedecer a ela. Lembre-se, Israel foi tirado do Egito, mas perdeu sua liberdade por causa da desobediência.

As Escrituras nos relatam o que acontecerá àqueles que se recusam a seguir a Palavra de Deus e seus caminhos: "Venham todos vocês, animais do campo; todos vocês, animais da floresta, venham comer!" (Isaías 56.9). Por que comer? Por que as pessoas estão no cativeiro? Por que estão perdendo aquilo que Deus gostaria que tivessem? "As sentinelas de Israel estão cegas e não têm conhecimento; todas elas são como cães mudos, incapazes de latir. Deitam-se e sonham; só querem dormir. São cães devoradores, insaciáveis. São pastores sem entendimento; todos seguem seu próprio caminho, cada um procura vantagem própria" (Isaías 56.10,11).

Essas pessoas não eram sérias quando se tratava de obedecer à Palavra de Deus. Elas apenas queriam se divertir. Uma delas diz: "'Venham, [...] tragam-me vinho! Bebamos nossa dose de bebida fermentada, que amanhã será como hoje, e até muito melhor!'" (Isaías 56.12).

Infelizmente, isso descreve muitas das assim chamadas igrejas de hoje em dia. Elas funcionam mais como clubes sociais, preferindo ter diversão a ter de confrontar alguém em seu erro. Em vez de pregar a Palavra, falam aquilo que as pessoas gostariam de ouvir. Isso foi profetizado pelo apóstolo Paulo: "Pois virá o tempo em que não suportarão a sã doutrina; ao contrário, sentindo coceira nos ouvidos, juntarão mestres para si mesmos, segundo os seus próprios desejos. Eles se recusarão a dar ouvidos à verdade, voltando-se para os mitos" (2Timóteo 4.3,4).

Deus chama essas pessoas de "cegas" e "cães mudos" e também afirma que elas "não têm conhecimento" (Isaías 56.10).

São oprimidas por demônios. Não reconhecem a verdade nem sabem a quem se voltar em busca de ajuda real. É-lhes dito como lidar com suas emoções, quando estas são perturbadas por demônios.

É um reflexo do que foi dito por Pedro: "Prometendo-lhes liberdade, eles mesmos são escravos da corrupção, pois o homem é escravo daquilo que o domina" (2Pedro 2.19).

Qualquer que seja o pecado ou problema que o domine, você será aprisionado por ele. É por isso que recebemos esta ordem: "Não amem o mundo nem o que nele há. Se alguém ama o mundo, o amor do Pai não está nele" (1João 2.15).

Permita que Cristo seja o Senhor e Mestre de sua vida.

## ASSUMA O COMANDO

Comece clamando sua vitória em nome de Jesus, pois você é um seguidor do Vitorioso! Deus "nos resgatou do domínio das trevas e nos transportou para o Reino do seu Filho amado" (Colossenses 1.13).

Se você foi liberado das garras do Diabo, vale a pena proclamar essa maravilha. "Assim o digam os que o Senhor resgatou, os que livrou das mãos do adversário" (Salmos 107.2).

Não fomos apenas resgatados pelo sangue de Jesus; também recebemos "o perdão dos pecados" (Colossenses 1.14).

Você tem a plenitude, pois, por estar "nele, que é o Cabeça de todo poder e autoridade", a recebeu do Senhor (Colossenses 2.10). Como resultado disso, você está unido àquele que é Senhor de tudo: "tendo despojado os poderes e as autoridades, fez deles um espetáculo público, triunfando sobre eles na cruz" (Colossenses 2.15).

Quando o Senhor ressuscitou dos mortos, ele deixou para trás um Satanás eternamente derrotado. Ele não falava sobre algum momento no futuro. A obra já está consumada!

Você pode se tornar senhor do Diabo da noite para o dia se acreditar na Palavra de Deus. Jesus declara: "'Eu lhes dei autoridade para pisarem sobre cobras e escorpiões, e sobre todo o poder do inimigo; nada lhes fará dano'" (Lucas 10.19).

Que promessa poderosa!

Os homens e mulheres que foram feridos pelo Diabo são aqueles que não agiram conforme esse texto do evangelho. Se você se sentir intimidado, será atacado e derrotado.

## SEJA UM CRISTÃO OUSADO E CORAJOSO

As virtudes da ousadia, coragem e retidão andam de mãos dadas: "O ímpio foge, embora ninguém o persiga, mas os justos são corajosos como o leão" (Provérbios 28.1).

Pedro e João, depois da experiência no andar superior [Cenáculo] no dia de Pentecoste, começaram a proclamar a mensagem de Cristo. A Bíblia registra que, vendo "a coragem de Pedro e de João, e percebendo que eram homens comuns e sem instrução, ficaram admirados e reconheceram que eles haviam estado com Jesus" (Atos 4.13).

Os milagres estavam acontecendo à direita e à esquerda, e milhares eram salvos. Pedro, à porta do templo, disse a um mendigo aleijado desde o nascimento: "'Não tenho prata nem ouro, mas o que tenho, isto lhe dou. Em nome de Jesus Cristo, o Nazareno, ande'" (Atos 3.6).

Pedro pegou-o pela mão, levantou-o e, de imediato, os ossos do pé e tornozelo do homem se fortaleceram. O homem ficou de pé e entrou no templo com Pedro e João, "andando, saltando e louvando a Deus" (Atos 3.8).

As notícias dessa cura dramática se espalharam rapidamente, e os líderes religiosos ficaram muitíssimo perturbados e pediram a prisão dos apóstolos. Tentaram silenciar esses seguidores de Cristo com ameaças, mas Pedro e João responderam com estas palavras: "'Julguem os senhores mesmos se é justo aos olhos de Deus obedecer aos senhores e não a Deus. Pois não podemos deixar de falar do que vimos e ouvimos'" (Atos 4.19,20).

Assim que Pedro e João foram libertos, eles se encontraram com irmãos cristãos que louvavam o Senhor, e "tremeu o lugar em que estavam reunidos; todos ficaram cheios do Espírito Santo e anunciavam corajosamente a palavra de Deus" (Atos 4.31).

Eles não tinham o menor temor do que os homens pudessem dizer!

Se você alguma vez se encontrar com alguém que afirma ser reto, mas, apesar disso, tem medo do Diabo, ele, mais cedo ou mais tarde, certamente se defrontará com o perigo, porque as Escrituras alertam: "Mas os covardes, os incrédulos [...] — o lugar deles será no lago de fogo que arde com enxofre" (Apocalipse 21.8).

As consequências do medo são eternas.

## DESTRUA O DIABO!

Em vez de ser covarde, caminhe em direção ao inimigo e comece a falar a Palavra de Deus. A seguir, observe qual será a reação: "Ele expulsará os inimigos da sua presença, dizendo: 'Destrua-os!' " (Deuteronômio 33.27).

Nesse mesmo versículo, recebemos a garantia de que, enquanto estivermos atacando o inimigo, o "Deus eterno é o seu refúgio, e para segurá-lo estão os braços eternos" (Deuteronômio 33.27).

O Senhor o protege enquanto lança seu ataque contra Satanás. Sua fé na Palavra de Deus e sua obediência a ela fazem que o medo se instale no coração dos demônios.

Durante uma batalha no Antigo Testamento, cinco reis fugiram quando os exércitos de Josué apareceram. Mais tarde, quando foram encontrados em uma caverna, totalmente amedrontados, foram trazidos à presença de Josué. E este disse aos comandantes do exército que o tinham acompanhado: "'Venham aqui e ponham o pé no pescoço destes reis'" (Josué 10.24). Quando fizeram isso, Josué disse a seus homens: "'Não tenham medo! Não desanimem! Sejam fortes e corajosos! É isso que o SENHOR fará com todos os inimigos que vocês tiverem que combater'" (Josué 10.25).

Louvado seja o Senhor! O Diabo está sob seus pés!

Recapitulemos nosso plano de batalha: ame o Senhor, permaneça firme em sua Palavra e deixe Deus fazer o resto. Lembre-se, somos a maioria quando o Deus todo-poderoso está do nosso lado. "'Como poderia um só homem perseguir mil, ou dois porem em fuga dez mil [...]?'" (Deuteronômio 32.30).

A guerra ainda está sendo travada, e a batalha é intensa, mas você derrotará totalmente o Diabo ao usar sua magnífica arma secreta — a poderosa Palavra de Deus!

# PARTE III

# A BATALHA FINAL

CAPÍTULO 14

# A AGENDA DE DEUS RELACIONADA AO FIM DOS TEMPOS

Como o conflito entre anjos e demônios terminará? Qual o próximo passo na agenda de Deus? E quanto ao arrebatamento, a tribulação, o milênio, a segunda vinda de Cristo e a batalha final?

Examinemos cada uma dessas questões.

## A REALIDADE DO ARREBATAMENTO

O evento mais surpreendente na História está prestes a ocorrer: o arrebatamento da Igreja. Milhões de cristãos, tanto os mortos quanto os vivos, serão repentinamente arrebatados para se encontrarem com o Senhor nos ares. Conforme o apóstolo Paulo escreveu: "Irmãos, não queremos que vocês sejam ignorantes quanto aos que dormem, para que não se entristeçam como os outros que não têm esperança. Se cremos que Jesus morreu e ressurgiu, cremos também que Deus trará, mediante Jesus e com ele, aqueles que nele dormiram" (2Tessalonicenses 4.13,14).

Quem são os que dormem? São crentes em Cristo que já morreram: "Dizemos a vocês, pela palavra do Senhor, que nós, os que estivermos vivos, os que ficarmos até a vinda do Senhor, certamente não precederemos os que dormem" (1Tessalonicenses 4.15). Quando Paulo diz "pela palavra do

Senhor", notamos que isso não é ideia do próprio apóstolo; pois a ideia expressa lhe foi dada por Deus. "Pois, dada a ordem, com a voz do arcanjo e o ressoar da trombeta de Deus, o próprio Senhor descerá dos céus, e os mortos em Cristo ressuscitarão primeiro" (1Tessalonicenses 4.16). O arcanjo aqui é Gabriel, o anjo que sempre esteve envolvido em todos os principais anúncios divinos.

Ficamos sabendo que "nós, os que estivermos vivos seremos arrebatados com eles nas nuvens, para o encontro com o Senhor nos ares" (1Tessalonicenses 4.17).

Nos primórdios da era da Igreja, levantaram-se questões referentes à ressurreição dos mortos. Paulo tratou dessa questão com os cristãos de Corinto:

> Ora, se está sendo pregado que Cristo ressuscitou dentre os mortos, como alguns de vocês estão dizendo que não existe ressurreição dos mortos? Se não há ressurreição dos mortos, nem Cristo ressuscitou; e, se Cristo não ressuscitou, é inútil a nossa pregação, como também é inútil a fé que vocês têm. Mais que isso, seremos considerados falsas testemunhas de Deus, pois contra ele testemunhamos que ressuscitou a Cristo dentre os mortos. Mas se de fato os mortos não ressuscitam, ele também não ressuscitou a Cristo (1Coríntios 15.12-15).

Logo adiante, Paulo ensina: "Mas cada um por sua vez: Cristo, o primeiro; depois, quando ele vier, os que lhe pertencem. Então virá o fim, quando ele entregar o Reino a Deus, o Pai, depois de ter destruído todo domínio, autoridade e poder" (1Coríntios 15.23,24).

Isso claramente afirma que a ressurreição é uma realidade — como também o arrebatamento: "Eis que eu lhes digo um mistério: Nem todos dormiremos, mas todos seremos transformados, num momento, num abrir e fechar de olhos, ao som da última trombeta. Pois a trombeta soará, os mortos ressuscitarão incorruptíveis e nós seremos transformados" (1Coríntios 15.51,52).

Paulo descreveu isso como "um mistério" porque essa era uma verdade que estava velada para a Igreja. Séculos antes, o profeta Isaías escreveu: "Mas os teus mortos viverão; seus corpos ressuscitarão. Vocês, que voltaram ao pó, acordem e cantem de alegria. O teu orvalho é orvalho de luz; a terra dará à luz os seus mortos" (Isaías 26.19).

O mesmo poder que ressuscitou Jesus do sepulcro retirará milhões dos sepulcros onde se encontram.

Com relação ao arrebatamento, Paulo nos diz: "Pois é necessário que aquilo que é corruptível se revista de incorruptibilidade, e aquilo que é mortal, se revista de imortalidade" (1Coríntios 15.53).

Em Apocalipse, na visão que João teve, um dos anciãos lhe pergunta: "'Quem são estes que estão vestidos de branco, e de onde vieram?'" (7.13). E o mesmo ancião responde: "'Estes são os que vieram da grande tribulação e lavaram as suas vestes e as alvejaram no sangue do Cordeiro'" (7.14).

João viu você e eu — a Igreja arrebatada — nos céus. Esses não eram anjos, mas santos lavados no sangue do Cordeiro.

## Deus julgará os santos com os pecadores?

A Bíblia é enfática quando afirma que o Deus todo-poderoso não permitirá que o justo seja julgado com os perversos. Quando Abraão estava intercedendo por aqueles que levavam uma vida reta, ele disse ao Senhor: "'Longe de ti fazer tal coisa: matar o justo com o ímpio, tratando o justo e o ímpio da mesma maneira. Longe de ti! Não agirá com justiça o Juiz de toda a terra?'" (Gênesis 18.25).

Ele estava preocupado, como se quisesse dizer a Deus isto: "Essa não é tua natureza. Certamente, farás a coisa certa".

Deus, mais tarde, provou que não puniria o justo com o pecador. Muito antes de fazer chover do céu fogo e enxofre sobre Sodoma e Gomorra, ele enviou um anjo para avisar Ló e sua família: "'Fuja depressa, porque nada poderei fazer enquanto você não chegar lá'" (Gênesis 19.22).

O anjo explicou que ele não poderia agir de forma distinta porque seguia as ordens do Deus todo-poderoso. Se você ler a história cuidadosamente, descobrirá que Ló hesitava. Então, os anjos "o agarraram pela mão, como também a mulher e as duas filhas, e os tiraram dali à força e os deixaram fora da cidade" (Gênesis 19.16). Deus disse a Ló que não destruiria a cidade enquanto ele e a família não estivessem a salvo.

Em razão do fato de que não julgará os santos com os pecadores, Deus não permitirá que seus filhos passem pela tribulação.

Como você pode se preparar para o arrebatamento? Há apenas uma maneira para isso: "Filhinhos, agora permaneçam nele para que, quando ele se manifestar, tenhamos confiança e não sejamos envergonhados diante dele na sua vinda" (1João 2.28).

Alguns serão tomados pelo remorso porque falharam em obedecer à ordem do Senhor: "Façam esse dinheiro render até a minha volta" (Lucas 19.13).

## O SINAL NÚMERO UM

Eu, como ministro no mundo todo, sempre escuto esta pergunta: "E o arrebatamento? Estamos perto dele?".

Deus, sem dúvida, usa Israel como sinal por intermédio do qual ele fala com a Igreja e as nações. Na verdade, os anjos do céu e os demônios do inferno descobrem os planos de Deus ao observar o que está acontecendo em Israel. Essa mensagem é inconfundível para o mundo invisível. Quando os demônios veem o plano do Senhor, eles se opõem a ele, enquanto os anjos agem para que ele se realize.

Ao ler a Bíblia e conhecer o coração de Deus, você descobrirá que o Senhor está comprometido com um povo: Israel. Nós, como a Igreja, fomos enxertados nessa terra histórica, compartilhando do dom celestial por meio da graça. Quando Deus olha para a Igreja, vê apenas uma árvore, os filhos de Abraão.

O apóstolo Paulo se refere a nós como o "Israel de Deus" (Gálatas 6.16), mas ele está falando não só dos judeus; também dos gentios. A promessa se aplica ao Israel natural e ao Israel espiritual, de forma que ambos colhem os benefícios da mesma promessa. Deus não tem duas noivas; ele tem apenas uma — Israel.

Nós, os seguidores de Cristo, somos seu povo.

Isso não descarta o fato de que existe um plano eterno para os judeus de nascimento. No entanto, o que acontece com esse povo e nação naturais é a voz de Deus para o espiritual. Foi por isso que Paulo escreveu: "Não me envergonho do evangelho, porque é o poder de Deus para a salvação de todo aquele que crê: primeiro do judeu, depois do grego" (Romanos 1.16).

## O CLAMOR DO MESSIAS

Hoje, observo uma abertura genuína, sem precedentes, no meio do povo judeu em relação a Cristo. Ela prenuncia a forma com que Deus trata o Israel espiritual — sua Igreja.

A Bíblia diz que, se a rejeição de Cristo pelos judeus trouxe vida aos gentios, quando aqueles o aceitarem, as bênçãos serão ainda maiores: "Pois se a rejeição deles é a reconciliação do mundo, o que será a sua aceitação, senão vida dentre os mortos?" (Romanos 11.15).

O mesmo povo que desprezou a mensagem do evangelho nesses dois mil anos está agora, de forma gradual, começando a se converter e aceitar a verdade. Isso me diz que o céu está tocando o coração dos judeus.

Aproxima-se o dia em que Israel, com um anseio mais profundo, clamará por seu Messias. Acredito que isso acontecerá como resultado de alguma catástrofe devastadora. Poderia ser uma guerra, um enorme ataque terrorista ou um novo Holocausto.

Lembre-se, a fome no Egito foi a razão por que José foi revelado a seus irmãos. Alguma forma de crise, quer na esfera natural quer na espiritual, levará Israel a clamar: "Onde está nosso Messias?". À medida que o clamor deles ecoar mais alto, o Senhor se manifestará.

Não acredito que seja mera coincidência que a canção *Mhakim Lemashiah* [Esperando o Messias], de Shalom Hanoch, um artista popular, tornou-se uma das mais populares na história da música israelense.

Isso me diz que estamos com pouco tempo. Conforme Jesus disse a seus discípulos: "'Quando forem perseguidos num lugar, fujam para outro. Eu lhes garanto que vocês não terão percorrido todas as cidades de Israel antes que venha o Filho do homem'" (Mateus 10.23).

Em outras palavras, não acabaremos de pregar o evangelho em Israel antes da segunda vinda de Cristo.

Israel é um país pequeno, aproximadamente do tamanho do estado de New Jersey ou [ou do estado brasileiro de Sergipe], mas existem muitas barreiras para proclamar a mensagem de Cristo nessa nação, incluindo a oposição dos judeus ortodoxos.

## Um povo eterno

Acredito que Deus estendeu sua graça em direção a Israel porque o "Senhor não demora em cumprir a sua promessa, como julgam alguns. Ao contrário, ele é paciente com vocês, não querendo que ninguém pereça, mas que todos cheguem ao arrependimento" (2Pedro 3.9).

Nosso Pai celestial está pacientemente esperando até que todos — homens, mulheres e crianças — tenham a chance de ouvir o evangelho.

Seremos arrebatados antes de Israel aceitar Cristo. Como sei disso? Está escrito na Palavra de Deus: "Israel experimentou um endurecimento em parte, até que chegue a plenitude dos gentios. E assim todo o Israel será salvo, como está escrito: 'Virá de Sião o redentor que desviará de Jacó a impiedade. E esta é a minha aliança com eles quando eu remover os seus pecados' " (Romanos 11.25-27).

O Senhor Jesus, em dado momento no monte das Oliveiras, clamou sobre Jerusalém, dizendo: "'Se você compreendesse neste dia, sim, você também, o que traz a paz! Mas agora isso está oculto aos seus olhos'" (Lucas 19.42).

Os judeus deixaram passar o momento de oportunidade deles. A cegueira caiu sobre eles, e estão sob um véu há dois mil anos. Deus permitiu que isso acontecesse para que os gentios pudessem entrar no Reino.

Quando Deus der o sinal, o véu será levantado. Em vez de mais gentios serem salvos, o Senhor voltará toda a sua atenção para o povo que amou desde a Antiguidade.

Acredito, portanto, que já estamos nos últimos dias para que o plano de Deus seja cumprido nesta dispensação dos gentios. Estamos, portanto, quase no início dos dias para Israel.

Os "últimos dias" não existem para os judeus. Deus lidará com eles por toda a eternidade! Eles são o povo eterno com um plano eterno.

Essa é a razão por que enfatizo que você, se observar Israel, saberá qual será o passo seguinte de Deus.

Vale a pena observar como a nação dos judeus descobriu que seus únicos verdadeiros amigos são os cristãos evangélicos. Alguns líderes deles, pessoalmente, contaram-me isso.

### Prepare-se!

Todo grande movimento de Deus começa com uma visitação de anjos:

- Antes de Abraão e Sara terem seu filho prometido, os anjos chegaram com o anúncio profético (Gênesis 18.1-16).
- Antes de Jacó receber a bênção de Deus, ele lutou com um anjo (Gênesis 32.23-32).
- Antes de Gideão derrotar os midianitas com apenas um pequeno exército, um anjo apareceu para lhe dar coragem (Juízes 6.11-23).
- Antes do dia de Pentecoste, os anjos apareceram aos apóstolos (Atos 1.10,11).
- No grande despertar ao longo das eras, os anjos aparecem antes de um poderoso movimento do Espírito.

Hoje, enquanto observo o que Deus está fazendo com seu povo Israel, percebo que estamos prestes a receber uma visitação pré-arrebatamento dos anjos.

### A tribulação e a segunda vinda de Cristo

O período de sete anos de tribulação se iniciará imediatamente antes do arrebatamento.

Durante esse período, nenhum dos gentios aceitará Cristo como Salvador. A oportunidade deles para a salvação já terá acabado. O único povo que será salvo durante a tribulação são os judeus.

A maioria dos estudiosos da Bíblia acredita que esse período será dividido em duas partes. Os primeiros três anos e meio são chamados apenas de tribulação (Apocalipse 6—10). Os três anos e meio seguintes são chamados de a "grande tribulação" (Apocalipse 13—19). O segundo período desses sete anos começa com o anticristo invadindo Jerusalém, onde a ira cairá sobre ele.

Depois desses sete anos, ocorrerá a segunda vinda de Cristo. O Senhor virá do céu, de forma visível, com os santos, para a guerra final contra o anticristo. O apóstolo Paulo nos diz que esse governante perverso será destruído pela glória da presença do Filho de Deus: "Então será revelado o perverso, a quem o Senhor Jesus matará com o sopro de sua boca e destruirá pela manifestação de sua vinda" (2Tessalonicenses 2.8).

Isso introduzirá o reino milenar de Cristo no qual nosso Salvador governará sobre a terra por mil anos. Leiamos o que João descreve em seu livro:

> Vi descer dos céus um anjo que trazia na mão a chave do Abismo e uma grande corrente. Ele prendeu o dragão, a antiga serpente, que é o Diabo, Satanás, e o acorrentou por mil anos; lançou-o no Abismo, fechou-o e pôs um selo sobre ele, para assim impedi-lo de enganar as nações, até que terminassem os mil anos. Depois disso, é necessário que ele seja solto por um pouco de tempo.
>
> Vi tronos em que se assentaram aqueles a quem havia sido dada autoridade para julgar. Vi as almas dos que foram decapitados por causa do testemunho de

Jesus e da palavra de Deus. Eles não tinham adorado a besta nem a sua imagem, e não tinham recebido a sua marca na testa nem nas mãos. Eles ressuscitaram e reinaram com Cristo durante mil anos. (O restante dos mortos não voltou a viver até se completarem os mil anos.) Esta é a primeira ressurreição. Felizes e santos os que participam da primeira ressurreição! A segunda morte não tem poder sobre eles; serão sacerdotes de Deus e de Cristo, e reinarão com ele durante mil anos (Apocalipse 20.1-6).

Assim que nosso Senhor retornar à terra, haverá pessoas vivas que não foram arrebatadas nem mortas durante a tribulação. Não sabemos qual será esse número de pessoas, mas elas continuarão a viver e a se multiplicar sob o reino do Messias. Nós, a Igreja, reinaremos com ele sobre essas pessoas.

O povo judeu continuará a viver em Israel durante o milênio, onde Cristo terá seu trono. Essa será uma era de paz completa, prosperidade e bênçãos. O sol brilhará mais forte, os dias serão alongados, e a vida na terra será um verdadeiro paraíso.

O plano de Deus será diferente durante o milênio. Reinaremos com Cristo, e o evangelho não será pregado. A mensagem da salvação é para nossa era presente, pois estamos na dispensação da graça.

Eis a parte empolgante. Satanás será aprisionado no poço, e nenhum demônio será encontrado na terra durante o reinado de mil anos de Cristo. O pecado não mais estará no controle.

Entretanto, "Quando terminarem os mil anos, Satanás será solto da sua prisão e sairá para enganar as nações que estão nos quatro cantos da terra" (Apocalipse 20.7,8).

Ele não enganará a Igreja, mas o mundo. Deus provará de uma vez por todas que o coração do homem é perverso. Muitas pessoas, mesmo depois de mil anos de abundância e bênçãos, ainda se voltarão contra ele.

## A BATALHA FINAL

Satanás pode pensar que ganhou a grande vitória, mas sua celebração será apenas temporária. Depois de desviar milhões de pessoas, ele as convencerá de que é hora de travar a guerra final contra Deus e seu povo. Seus exércitos perversos, provenientes de todas as nações, atacarão a santa cidade de Deus. Todavia, quando eles chegarem, fogo cairá do céu e os consumirá. "O Diabo, que as enganava, foi lançado no lago de fogo que arde com enxofre, onde já haviam sido lançados a besta e o falso profeta. Eles serão atormentados dia e noite, para todo o sempre" (Apocalipse 20.10).

Por fim, todos que já viveram se apresentarão diante de Deus no julgamento do grande trono branco. O livro da vida será aberto, e todo ser humano — homens e mulheres — será julgado com base no que estiver escrito nesse livro: "Aqueles cujos nomes não foram encontrados no livro da vida foram lançados no lago de fogo" (Apocalipse 20.15). Essa é a segunda morte.

Para o crente, a história tem um final totalmente distinto. João viu "novos céus e nova terra, [...] a Cidade Santa, a nova Jerusalém, que descia dos céus, da parte de Deus, preparada como uma noiva adornada para o seu marido" (Apocalipse 21.1,2).

Deus enxugará toda lágrima de nossos olhos. Não haverá mais tristeza, choro, dor nem morte (Apocalipse 21.4). Aleluia!

Que dia glorioso será esse! "Não haverá mais noite. Eles não precisarão de luz de candeia, nem da luz do sol, pois o Senhor Deus os iluminará; e eles reinarão para todo o sempre" (Apocalipse 22.5).

## Minha oração por você

Se ainda não pediu a Cristo para ser seu Senhor e Salvador, deixe-me compartilhar com você estes quatro passos para a salvação:

### Passo número 1: Compreenda que o desejo de Deus para você é vida abundante e eterna

Jesus declara: "'[...] eu vim para que tenham vida, e a tenham plenamente'" (João 10.10). Isso exigia o sacrifício supremo: "'Porque Deus tanto amou o mundo que deu o seu Filho Unigênito, para que todo o que nele crer não pereça, mas tenha a vida eterna'" (João 3.16).

### Passo número 2: Perceba que você está separado de Deus

Existe um abismo entre Deus e a humanidade que o Senhor quer que seja transposto, mas, ao longo das eras, as pessoas fizeram escolhas egoístas para desobedecer ao Deus todo-poderoso. O resultado é o pecado e a morte: "Há caminho que parece certo ao homem, mas no final conduz à morte" (Provérbios 14.12).

Sabemos que "o salário do pecado é a morte, mas o dom gratuito de Deus é a vida eterna em Cristo Jesus, nosso Senhor" (Romanos 6.23).

## Passo número 3: Aceite o fato de que Deus providenciou apenas uma solução para o pecado e para a separação dos seres humanos dele

Jesus Cristo, seu Filho, é o único caminho para Deus. Só ele pode nos reconciliar com Deus Pai: "Mas Deus demonstra seu amor por nós: Cristo morreu em nosso favor quando ainda éramos pecadores" (Romanos 5.8). "Pois há um só Deus e um só mediador entre Deus e os homens: o homem Cristo Jesus" (1Timóteo 2.5).

Cristo pagou a pena por nossos pecados e rebelião contra Deus quando morreu na cruz, derramou seu sangue e ressuscitou dos mortos para nos justificar e nos reconciliar com Deus Pai.

## Passo número 4: Receba Jesus Cristo como seu Senhor e Salvador

Você pode ser trazido para Deus, e seu relacionamento com ele pode ser restaurado por confiar em Cristo, e só em Cristo, para salvar sua vida da destruição. Isso acontece quando pede a Jesus Cristo que tira seu pecado e habite seu coração, a fim de se tornar seu Senhor e Salvador.

A Palavra de Deus é muito clara: "'Eis que estou à porta e bato. Se alguém ouvir a minha voz e abrir a porta, entrarei e cearei com ele, e ele comigo'" (Apocalipse 3.20).

A Bíblia também declara: "Se você confessar com a sua boca que Jesus é Senhor e crer em seu coração que Deus o ressuscitou dentre os mortos, será salvo" (Romanos 10.9).

Se você estiver disposto a se arrepender de seus pecados para receber Cristo em seu coração, faça, por favor, esta oração comigo:

> Querido Senhor Jesus, creio que o Senhor é o Filho de Deus. Creio que o Senhor viveu na terra dois

mil anos atrás. Creio que o Senhor morreu por mim na cruz e derramou seu sangue para minha salvação. Creio que o Senhor ressuscitou dos mortos e ascendeu aos céus. Creio que o Senhor voltará à terra.

Querido Jesus, sou um/a pecador/a. Perdoe meus pecados. Lave-me com o seu precioso sangue. Venha habitar meu coração. Salve minha alma neste exato momento. Entrego minha vida ao Senhor. Recebo o Senhor como meu Salvador, meu Senhor e meu Deus. Sou seu/sua para sempre e servirei e seguirei o Senhor pelo resto dos meus dias. Deste momento em diante, pertenço somente ao Senhor. Já não pertenço mais a este mundo nem ao inimigo de minha alma. Pertenço ao Senhor e acabo de nascer de novo.

Amém!

Esta obra foi composta em *Avenir LT Std*
e impressa por Promove Artes Gráficas sobre papel
*Pólen Natural* 70 g/m² para Editora Vida.